아담의 기도

목적이 이끄는 결혼 큐티 30

아담의 기도

지은이   김경수

초판 1쇄 2018년 3월 30일
초판 2쇄 2018년 4월 15일

펴낸곳   도서출판 엘맨
발행인   채주희
등록   제10-1562호(1985.10.29)

주소   서울 마포구 망원동 379-41
이메일   elman1985@hanmail.net
          www.elman.kr
전화   02) 323-4060
팩스   02) 323-6416
ISBN   978-89-5515-584-6
          978-89-5515-584-6 (세트)
값 12,000원

목적이 이끄는 결혼 큐티 30

아담의 기도

김경수 지음

엘맨
해답의 사랑을 만들어 가는 ELMAN

지금 이 순간부터

"신랑이 신부를 맞이하여"
"신부가 신랑을 맞이하여"

사랑하기에
결혼할 날짜를 정하고
함께하는 기도

들어가는
글

"내일 헤어질 수도, 내일 청혼할 수도 있는 것이 연애죠."
젊은이들은 이렇게 말한다.
그렇다면 결혼은 무엇일까요?
"연애의 결론이 결혼이 아니라, 연애의 과정이 결혼이어야 한다."
위의 글은 청춘들이 생각하는
"연애 + 결혼 = 사랑의 열매"라는 공식이다.
어떤 공식을 가지고 있던 사랑하기에 결혼한다는 것은
하나님의 은총이다.

어느 날 이런 동반자를 만났다.
그리고 약속을 했다.
서로 기도하면서 결론을 내렸다.
사랑하기로 그것도 끝까지.

저자의
글

이제 결혼을 앞두고 신앙 안에서 서로의 만남을 축하합니다.
하나님께서 에덴동산을 창조하시고 아담과 하와를 보시고 심히 아름답다고 하신 것처럼 신랑과 신부가 에덴에서의 부부가 되기 위해서 서로의 준비가 필요합니다. 마음 준비뿐만 아니라, 내적, 외적 준비를 통해서 서로의 일치를 위해서 신랑과 신부가 이제 결혼을 앞두고 있습니다.
결혼을 준비한다는 것은 행복한 일입니다.
마음과 생각과 벅찬 기대감으로 설레는 결혼식의 첫 걸음은 신혼의 달콤한 기대와 행복이 가득하기 때문입니다. 이러한 출발을 위해서 먼저 준비해야 할 것은 말씀으로 하나가 되는 것입니다. 그러기 위해서 신랑과 신부가 매일 같은 주제를 가지고 말씀을 묵상한 이후에 매일 기도하기를 바랍니다. 이렇게 시작된 그대들의 앞날에 하나님의 축복이 함께하기를 축복합니다.

"코라조 아반티"(Coraggio avanti 용기를 가지고 앞으로!)

김경수

이 책의
활용법

이 책은 결혼을 앞둔 예비 신랑 신부가 서로를 위해서 기도하는 큐티서이다.

예비 신랑과 신부는 아담 용과 하와 용을 가지고 다음과 같이 큐티하기 바란다.

1. 본문 말씀을 읽고 묵상한다.
2. 결혼 묵상을 하면서 폭넓게 서로의 필요를 생각해 본다.
3. 적용된 말씀을 통해서 결혼의 목적을 생각해 본다.
4. 삶으로 떠나는 질문을 함으로써 서로를 위해서 생각한다.
5. 신랑과 신부가 오늘의 할 일을 실천한다.
6. 서로가 서로를 위해서 기도한다.

목 차

목적이 이끌어 가는 결혼

성경이 말하는 결혼의 목적은 하나님의 뜻 안에서 두 남녀가 만나 만족스런 새로운 한 몸을 이루는 두 생명의 가장 깊은 결합이라고 할 수 있다. 하나님은 친히 아담에게 말씀하시기를 사람이 독처하는 것이 좋지 못하니라(창 2:18)라고 하셨다. 이것은 인간의 타락이전에 하신 말씀이다. 그 당시는 아담이 하나님과 따뜻하고 개인적인 교제를 나누고 있던 때였다. 그리고 하나님이 내리신 결정은 돕는 배필을 창조하는 것이었다. 창세기 2장 18절에서 여자는 히브리어로 얼굴과 얼굴(face to face)이라는 뜻이다. 즉, 하나님은 남자가 얼굴과 얼굴을 마주 대할 관계를 지속할 수 있는 한 사람을 만드셨다. 이것은 인간 내면의 가장 깊은 염원을 만족시켜 주는 파괴할 수 없는 결합으로, 둘이 하나로 묶여진 깊은 인격적인 관계를 말한다. 결혼은 남자의 가장 깊은 인간적인 욕구에 대한 하나님의 해결책으로 다른 하나와의 생명적 결합이다. 이러한 결혼제도는 인간의 전 생애에 가장 큰 영향을 미치는 것임을 성경을 통해서 볼 수 있다.

1. 전통에 따라서 움직이는 결혼 생활

전통이 이끌어 가는 가정에서는 족보가 중요하다. 그리고 과거의 역사를 훈장처럼 여긴다. 선대에 무슨 일이 있었는가가 중요하다. 윗대에서 했던 일들을 자랑하고 훈장처럼 여긴다. 이렇게 전통에 따라서 움직이는 결혼은 우리 조상들은, 우리 부모는 이렇게 가정생활을 해왔다를 강조한다. 그러니까 부모가 이렇게 결혼 생활을 이어 왔고, 사회적인 구조가 이러하기에 우리는 이렇게 해야 한다는 것이다. 이런 결혼 생활은 유교적 전통에 뿌리를 깊이 두고 있다. 이런 가정은 예수 그리스도를 믿으면서도 원리와 방법이 성경이 아닌 전통과 습관에 초점이 맞춰져 있다. 어떤 결정을 내릴 때는 다시 전통 중심으로 돌아간다. 그래서 이런 가정은 신랑과 신부가 새 비전을 가지고 나아가는 결혼 생활이라고 할 수가 없다.

2. 인물에 의해서 움직이는 결혼 생활

우리 사회는 인물들에 의해서 결혼 생활을 하는 경우가 많다. 시어머니, 시아버지에 의해서, 장모 또는 장인에 의해서 움직이는 가정이다. 물론 부모님께 순종하고 존경할 줄 알아야 한다. 그러나 영향력이 매사에 인물에 의해서 움직인다면 서로 연합하여 한 몸이 된 의미가 희박해진다. 새 가정을 움직이는 인물은 머지않아 이 땅을 떠나게 된다. 그때에는 그 가정이 나아갈 방향을 잃어버리게 된다.

그러므로 인물에 의해서 가정을 움직이는 것이 아름다운 가정 생활인지 생각해 보아야 한다.

3. 재정에 의해서 움직이는 결혼

재정을 목적으로 한 결혼이라면 여기에는 큰 맹점이 있다. 재정은 살아가는데 필요한 한 부분일 뿐인데 이것 때문에 배우자를 선택한다면 이것은 모순이다. 만약 돈 때문에 혼인이 성사가 되었는데 재정적인 문제가 충족되지 않는다면 어떻게 될 것인가. 전도서 기자는 분명하게 말한다. "은을 사랑하는 자는 은으로 만족함이 없고 풍부를 사랑하는 자는 소득으로 만족함이 없나니 이것도 헛되도다(전 5:10). 가정은 이익을 남기기 위한 공동체가 아니다. 가정을 이루는 목적은 가족 구성원을 사랑하며 화목하게 살면서 하나님께서 주신 복을 누리며 복음에 합당한 삶을 사는 것이다.

4. 프로그램에 의한 결혼

프로그램에 의한 결혼은 마치 정략 결혼과 같은 것이다. 우리 가문이 좋으니까 같은 가문끼리 결혼해야 한다면 이것은 프로그램에 의한 결혼의 방법이다. 만약 프로그램이 멈추면 어떻게 되겠는가? 그 해답은 불 보듯이 뻔하다. 이 속에는 사랑이 존재하지 않는다. 오직 서로의 이용 가치만이 있을 뿐이다. 서로의 존재의 공존을 위해서, 또는 공생하기 위해서 있을 뿐이다. 그래서 프로그램에 의한 정략 결혼식은 사극에서 보는 것처럼 결혼 생활이 부모를 위해서, 사업을 위해서는 존재 가치가 있을지 몰라도 결혼을 위한 목적에는 적절치 않다.

5. 상징에 의한 결혼

상징은 마치 건물의 존재 같은 결혼이다. 서로 사랑하기 때문에 결혼하는 것이 아니라 배경 때문에 하는 것이다. 우리 사회는 흔히 박사, 변호사, 의사 등 '사'(師) 자가 붙은 직업을 좋아한다. '사'(師) 자가 성공할 사람을 상징하지만 나쁜 것은 아니다. 서로 사랑하고 하나님께서 기뻐하는 결혼이라면 분명 아름다운 결혼이다. 그러나 단지 빌딩 즉 외형에 집착하고 있다면 그것이 문제라는 것이다. 이런 목적으로 맺어진 결혼은 어려움이 찾아오면 모든 것이 무너지기 때문이다.

"나의 이 말을 듣고 행치 아니하는 자는 그 집을 모래 위에 지은 어리석은 사람 같으리니 비가 내리고 창수가 나고 바람이 불어 그 집에 부딪히매 무너져 그 무너짐이 심하니라"(마 7:26-27)

6. 하나님의 목적에 의한 결혼

남녀가 결혼을 하게 될 때 먼저 주님 안에서 비전과 가치관과 생각과 결혼의 목적이 같은지 생각해야 한다. 하나님의 목적에 의해서 맺어진 결혼은 살아가는 과정에서 하나님의 뜻을 이루게 된다. 그 이유는 잠언 기자가 말한 것처럼 "사람의 마음에는 많은 계획이 있어도 오직 여호와의 뜻이 완전히 서리라"(잠 19:21)고 했기 때문이다. 목적에 의한 결혼은 서로의 필요가 하나님 안에서 같고, 존재의 목적이 일치하며, 서로 사랑 안에서 기쁨을 주며, 예수 그리스도 안에서 하나님의 뜻을 실현하기 때문이다. 이런 선명한 기준이 있을 때에 가정을 통해서 하나님께 영광을 돌리며 예수 그리스도의 터 위에 든든히 설 수가 있기 때문이다.

가정도 목적이 이끌어가야 한다. 건강한 가정은 하나님의 영원한 목적 위에 세워지듯 행복한 가정 역시 바른 목적 위에 세워져야 한다. 부부 간에 이 목적이 분명하면 갈등이 있을 수 없다.

결혼을 위한 기도

우리를 사랑하는 하나님 아버지!
저희들이 이제 결혼 날짜를 잡고
마음과 정신과 육체가 하나 되기 위해서
결혼을 위한 기도를 시작합니다.
지금까지 다른 환경 속에서 살아온 저희들이 이제
하나 됨을 위하여 먼저 말씀을 묵상하며
아담과 하와를 위한 기도를 시작합니다.

성령 하나님께서 지혜를 주셔서 저희 단점을 스스로 알게 하시고
깨닫게 하셔서 결혼을 잘 준비하게 하여 주시옵소서.

이 시간 결혼을 앞두고 기도하오니 응답하여 주옵소서.
결혼 생활에 필요한 도구들을
적절한 시기에 구입하게 하시고, 욕심 내지 않게 하시며,
구입할 수 있는 재정과 시간을 허락해 주옵소서.

청첩장이 잘 만들어지게 하셔서,
보내야 할 사람들에게 빠짐없이 보내지게 하시고,
차량 준비를 위해서 적절한 인원수를 잘 파악하게 하시고,
결혼식장에 가고 오는 도중 사건 사고 생기지 않게 하시고,
필요한 음식물과 일정, 도와줄 사람들을
구하는 문제에 대해 주님이 인도하셔서 순적하게 하여 주옵소서.

일정이 바쁜 중에도 결혼 준비를 위한 시간들이 생기게 하시고,
피곤치 않게 준비하게 하셔서
찾아 뵈어야 할 분들을 정하여 찾아 뵙게 하여 주옵소서.

이뿐 아니라 결혼식 일정에 차질이 생기지 않게 하시며,
주례 말씀을 통해서
저희들에게 평생토록 기억할 수 있는 귀한 말씀을 주시고,
결혼식의 사회, 주례, 반주, 안내, 접수, 축가를 위한 사람들도
보내 주시고, 신혼여행지와 일정, 계획 등을 잘 잡게 하시고,
여행을 통해 앞으로의 삶을 잘 설계하게 하여 주옵소서.

무엇보다 주님과 함께 기도하며 예배하는 신혼여행이 되게 하시고,
성숙을 위한 귀한 첫걸음이 되게 하여 주옵소서.

아담의 기도

여행 기간 동안 어떤 사고도 생기지 않게 하시고,
안전하게 저희들을 보호하여 주시옵소서.

모든 준비함에 있어서 양가 부모님과 가족들을 기억하여 주셔서
주님의 영광이 드러나게 하여 주옵소서.
준비하는 저희와 가족들과 친구들의 마음을 주장하여 주시고,
주님의 뜻을 더욱더 잘 분별하여 욕심이나, 불평이나,
불신이나, 다툼이나, 비이성적인 생각과 언행을
용납하지 않게 하여 주시옵소서.

결혼하고 신혼집에서 살게 될 저희들의 삶을 보호하여 주시고,
결혼 후 처가에도 친가에도
좋은 사위, 좋은 며느리가 되게 하셔서 양가 집안이 평안케 되어
주님의 축복이 임하게 하옵소서.
사랑이 많으신 예수님의 이름으로 기도드립니다. 아멘

제1부

사랑의 기도
이렇게 합니다

지금 이 순간부터
기도합니다

여호와 하나님이 가라사대 사람의 독처하는 것이 좋지 못하니 내가 그를 위하여 돕는 배필을 지으리라 하시니라 _창세기 2:18

말씀 묵상

인디언들은 말을 타고 달리다가 가만히 멈춰 서서 무엇인가를 기다린다고 한다. 그들은 혹시 자기의 몸이 너무 빨리 달렸기 때문에 자기의 영이 뒤떨어질까 걱정되어서 영이 따라올 때까지 기다린다는 것이다. 이 이야기는 어리석게 들리지만 한번쯤 생각해 볼 필요가 있다.

하나님은 아담을 잠들게 하시고 갈빗대 하나를 뽑아 여자를 만드셨다. 유대인 랍비들은 갈빗대로 여성을 만드신 데는 특별한 의미가 있다고 보았다. 만약 여자를 머리뼈로 만들었다면 남자 위에 군림하고 다리뼈로 만들었다면 남자의 노예가 되기 때문에 하나님은 갈빗대로 여자를 만드시어 언제나 남자의 가슴 곁에 있게 하셨다고 생각했다. 하나님은 갈빗대로 여자를 만드시고 아담에게로 데리고 오셨다. 그러자 아담은 여자를 보고 "이는 내 뼈 중의 뼈요, 살 중의 살이로다."라고 고백하였다. 이는 하나님께서 서로의 허물이 보이지 않도록 돕는 배필로 주신 것이다. 부부는 서로에게 돕는 자가 되어야 한다. 서로가 그 상대방의 약점을 공격하지 말고 오히려 부족한 부분을 채워주어야 한다. 에덴 동산은 하나님 말씀이 있는 세계이기 때문에 누구든지 사랑하는 사람을 만나서 거기서 기쁨을 누리면서 신랑은 신부를, 신부는 신랑을 맞이할 준비를 하자.

결혼 묵상

하나님께서 남자와 여자를 만드시고 혼기가 되었을 때 그 이상형을 찾아서 결혼하게 하셨다. 그래서 결혼은 인생을 새롭게 살기 위한 프로그램이다. 각기 다른 삶을 살아온 남녀가 하나가 되어서 한 몸이 되는 의식이다. 그렇다면 왜 우리는 결혼을 해야 하는가?

우리는 하나님의 목적을 위하여 창조되었고, 그 분의 뜻에 따라서 가정을 이루고 살아야 하기 때문이다. 만약 우리가 우리 자신을 위해서만 결혼의 초점을 맞춘다면 결코 삶의 목적을 찾을 수 없다. 우리의 삶의 초점은 오직 창조주이신 하나님께로부터 시작해야 하기 때문이다.

하나님께서는 에덴 동산에서 아담과 하와를 창조하시고 신랑과 신부를 하나님의 목적을 이룩하기 위해서 가정을 허락하셨다. 그런데 우리는 결혼의 신비를 자기 목적 성취에 초점을 두는 경우가 많다. 결혼은 나의 목적을 이루기 이전에 하나님의 목적이 우선해야 한다. 하나님의 목적은 하나님의 뜻 안에서의 번성함에 있다. "하나님이 그들에게 복을 주시며 그들에게 이르시되 생육하고 번성하여 땅에 충만하라, 땅을 정복하라, 바다의 고기와 공중의 새와 땅에 움직이는 모든 생물을 다스리라 하시니라"(창 1:28).

결혼의 목적은 하나님의 꿈을 이루기 위한 작은 공동체를 만드는 것이기 때문에 결혼의 목적에 대해서 이렇게 말할 수가 있다.

첫째, 결혼은 그리스도와의 관계에서 사랑의 신비의 정체성을 발견하는 것이다.

둘째, 결혼은 하나님께서 우리를 사랑하셔서 계획하셨다.

셋째, 결혼의 목적은 가정을 통해서 하나님의 지상명령을 실현하기 위함이다.

결혼의 목적

내가 결혼하는 목적은 하나님의 거룩하시고 선하신 뜻을 이루기 위함이다. "나의 하나님이여 내가 주의 뜻 행하기를 즐기오니 주의 법이 나의 심중에 있나이다"(시 40:8).

삶으로 떠나는 질문

내 삶의 주관자가 하나님이시기에 결혼을 통해서 하나됨을 배움으로써 어떻게 하나님의 명령을 잘 실천할 수 있는지 생각하자.

웨딩
큐티

신랑이 신부를 위한 기도

하나님 아버지, 저에게 결혼할 아름다운 자매를 주심을 감사합니다.

결혼을 앞두고 말씀으로 하나가 되기 위하여, 성경 속으로 들어갑니다.

묵상을 통해 정신적, 육체적으로, 또한 가치관과 생각이 아름다운 조화를 이루게 하여 주옵소서.

인간의 얄팍한 속임수나 방법을 취하지 않고 신부에게 명철함을 주셔서 그 내조가 빛을 발하게 하여 주옵소서. 때론 실망하고 다투더라도 화해의 손을 내미는 자매가 되게 하시며, 신랑의 마음을 잘 헤아릴 줄 아는 신부가 되게 하옵소서.

또한 여호와를 경외하는 신부가 되게 하여 주옵소서. 하나님께 인정받고 칭찬 받는 자매가 되게 하시고 주야로 말씀을 묵상하며, 쉬지 않고 기도하는 삶을 살게 하옵소서.

삶의 여정에서 경제적인 궁핍과 가난으로 어려움을 당할 때에 사람을 의지하는 것이 아니라 먼저 하나님께 무릎으로 도움을 구하게 하시고, 또한 어려움을 믿음으로 이기는 지혜를 허락하여 주옵소서. 저의 믿음이 흔들릴 때, 견고하게 설수 있도록 붙잡아 줄 수 있는 신부가 되게 하옵소서. 흠 없는 인격을 겸비하게 하시고 외로울 때 곁에서 위로해 줄 수 있는 저희가 되게 하옵소서.

사랑이 많으신 예수님의 이름으로 기도합니다. 아멘.

항상
기도합니다

사람의 마음에는 많은 계획이 있어도 오직 여호와의 뜻이 완전히 서리라 _**잠언 19:21**

말씀 묵상

가정의 달에 '아담과 하와'에 대한 설교를 했다. "아담은 하와를 보자마자 100% 만족했습니다. 그리고 고백하기를 '어디 갔다 이제 왔느냐. 너는 내 살 중에 살이요 뼈 중에 뼈로다!' 이렇게 설교를 한창 하고 있을 때 그 날 처음 온 새 신자가 중얼거렸다.

"어디 고를 게 있었어야지!"

결혼을 앞둔 신랑과 신부는 서로를 위해서 자기 기준에 맞게 고르다가 뜻이 일치하여 결혼을 이제 앞두고 있다. 이때 새 가정을 이루려는 신랑과 신부는 목적에 맞는 삶을 살아가야 한다. 그것은 하나님이 기뻐하시는 사람, 하나님이 기뻐하시는 가정, 건강한 신랑, 건강한 신부가 되어야 하는 것이다.

남녀가 만나서 새 가정을 이루려고 할 때 분명한 목적이 있어야 한다. 돈 버는 것, 명예를 얻는 것, 자녀, 장수, 식욕, 여행… 이런 것을 위한 결혼은 단지 인생의 목적을 이루기 위한 하나의 수단에 불과하다. 그러므로 진정한 결혼의 목적은 하나님을 기쁘시게 하는 가정을 만드는 것이다. 그리고 그 안에서 행복한 삶으로 그리스도의 문화 명령을 실천하자.

결혼 묵상

남녀가 성인이 되어서 결혼을 하려고 생각하는 순간 하나님은 보이지 않는 목격자로 우리 곁에 서 계신다. 그러면서 많은 어려움에도 불구하고 앞으로 새 가정의 미래를 위해서 미소를 짓고 계신다. 하나님은 우리의 결혼을 통해서 신랑과 신부의 약속을 존중하며 서로에게 기쁨의 존재가 되기를 원하고 계신다.

하나님은 결혼을 통하여 영광을 받기를 바라신다. 하나님께서 우리에게 주신 선물 가운데 가장 좋은 것은 예수 그리스도를 주신 것이며 그 다음이 신랑과 신부를 통해서 새 가정을 만드는 것이다. 그분은 우리가 교회를 통해서 결혼의 기쁨을 경험할 수 있도록 오감과

감정을 주셨고 우리와
함께 즐거워하고 계신다.

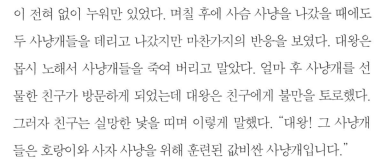

이런 재미있는 이야기
가 있다.

마게도냐에 알렉산더 대왕이
있었다. 그는 이웃나라 친구로부터 사냥
개 두 마리를 선물로 받았다. 알렉산더 대왕은
대단히 기뻐하며 사냥개를 데리고 토끼 사냥을
나갔다. 그런데 이 두 마리의 개들은 사냥할 의욕
이 전혀 없이 누워만 있었다. 며칠 후에 사슴 사냥을 나갔을 때에도
두 사냥개들을 데리고 나갔지만 마찬가지의 반응을 보였다. 대왕은
몹시 노해서 사냥개들을 죽여 버리고 말았다. 얼마 후 사냥개를 선
물한 친구가 방문하게 되었는데 대왕은 친구에게 불만을 토로했다.
그러자 친구는 실망한 낯을 띠며 이렇게 말했다. "대왕! 그 사냥개
들은 호랑이와 사자 사냥을 위해 훈련된 값비싼 사냥개입니다."

알렉산더 대왕은 목적에 맞게 개를 쓸 줄 몰랐기 때문에 그런 결
과를 초래한 것이다. 결혼의 목적을 선명하게 할 때 하나님
의 축복이 있다는 것을 기억하자.

결혼의 목적

나의 결혼은 하나님의 기쁨을 위해 계획되었다. 그래서 하나님을 기쁘시게 하는 삶의 목적을 가져야 한다.

삶으로 떠나는 질문

결혼도 하나님의 영광과 목적을 이루기 위한 일을 계획해야 한다. 그 계획이 무엇인가 생각해 보자.

웨딩
큐티

신랑이 신부를 위한 기도

인생의 생사화복을 주장하시는 하나님 아버지!

하나님께서 예비하신 자매를 만나게 하시고 결혼을 위해서 하루하루 준비하게 하심을 감사드립니다.

지금까지 자매를 기쁘고 즐겁게 하는데 집중했음을 고백합니다. 하나님께서 사랑하는 자매를 주신 목적은 결혼을 통해 더욱 하나님을 기쁘시게 하는 것임을 이제야 깨닫습니다. 하나님이 주신 선물을 사랑하는데 눈이 멀어 정작 그 선물을 주신 분을 잊어버리는 어리석음을 범했습니다. 그 동안 저의 무지함과 잘못을 용서해 주시기 원합니다.

"너는 내 살 중에 살이요 뼈 중의 뼈로다"라고 고백한 아담처럼 자매를 사랑합니다. 하지만 주 예수 그리스도보다 자매를 더 사랑한 나머지 제 삶의 본분을 잃어버리는 어리석은 자가 되지 않도록 지켜 주옵소서.

이제 저희들이 의견차이로 인해서 서로 다투지 아니하고 오직 하나님을 기쁘시게 하는 데 집중하여 살기를 원합니다.

"사람의 마음에는 많은 계획이 있어도 오직 여호와의 뜻이 완전히 서리라" 하신 말씀처럼 우리의 계획이 하나님의 뜻이 되어 완전히 설 수 있기를 간절히 소원합니다. 가장 좋은 것 주시기를 원하시는 예수 그리스도의 이름으로 기도합니다. 아멘.

날마다 기쁘게
기도합니다

그는 사랑스러운 암사슴 같고 아름다운 암노루 같으니 너는 그 품을 항상 족하게 여기며
그 사랑을 항상 연모하라 _**잠언 5:19**

말씀 묵상

잠언 기자는 "너는 그의 품을 항상 족하게 여기며 그의 사랑을 항상 연모하라"고 말한다. 여기에 나오는 핵심 단어는 '연모'이다. 연모는 국어사전을 보면 '이성을 사랑하여 그리워함'이라고 기록되어 있다. 사랑은 서로 그리워하는 것이다. 신부는 신랑을 그리워하고 신랑은 신부를 그리워하는 것이다. 이런 마음으로부터 결혼이 준비되어야 한다.

미국의 제임스 해취(James Hatch) 교수는 〈행복을 여는 비결〉이라

는 강의에서 행복한 가정을 이루기 위한 네 가지 방법을 말하였다. 첫째는 귀를 열고 다른 사람의 말을 들어라. 다른 사람의 말을 들어준다는 것은 쉬운 일이 아니다. 둘째는 입을 열고 대화하라. 옛 사람은 침묵을 좋아하지만 대화의 단절은 서로를 패망하게 하는 것이기 때문이다. 특히 식사 시간은 즐거운 대화의 시간이 되어야 한다. 셋째는 마음을 열라. 부부 간에 마음을 닫고 있는 것처럼 답답하고 괴로운 것은 없다. 눈빛만 보아도 마음이 통하는 그러한 가정을 이루어야 한다. 넷째는 함께 계획을 세우라. 남편의 계획과 아내의 계획이 다르면 금슬은 깨어진다.

남편과 아내는 한 몸이다. 그러므로 함께 모든 일을 생각하고 함께 인생을 살아가야 하는 것이다. 사랑은 사막의 오아시스와 같다. 그러므로 서로 사랑하는 행복한 가정을 이루어야 한다.

결혼 묵상

가정의 정의를 어떻게 하느냐에 따라서 가정의 운명이 결정된다고 말할 수가 있다. 새 가정을 이루는 신랑과 신부는 아름다운 가정을 만들기 위해서는 헌신과 투자를 해야 한다. 그 투자는 돈에 대한 것이 아니며, 재능의 투자도 아니다. 오직 사랑의 투자이다. 서로의 배려 깊은 마음에 얼마나 시간을 투자했느냐에 따라서 사랑의 영향력은 달라진다.

　지금까지 남남이었던 남녀가 서로 다른 환경에서 성장하고 자랐기에 결혼을 했다고 해서 쉽게 하나가 되는 것은 아니다. 하나가 되기 위해 서로를 묶는 끈이 사랑의 비전이다. 그 비전을 이루기 위해서는 서로의 차이를 극복해야 한다. 만약 서로의 차이를 극복하지 못하면 한 번도 집을 세운 경험이 없는 남녀이기에 둘이 가졌던 비전마저도 흔들리게 된다.

　현재까지 부모님이 만들어 놓은 터 위에서 그분들의 모습을 보고 자랐기 때문에 신랑과 신부가 서로 다른 문화의 차이를 극복하지 못하면 혼돈이 올 수가 있기 때문이다. 야구 해설가를 보아라. 그들은 얼마나 조언을 잘하는지 모른다. 그러나 그들이 막상 필드에 나가면 조언한 대로 되지 않는다는 것을 알게 된다. 그 이유는 자기의 관점에서 생각을 하고 말하였기 때문이다. 그래서 신랑과 신부는 새 가정을 이루기에 앞서 어떤 가정을 만들어야 할지 설계해야 한다.

결혼의 목적

"너는 그의 품을 항상 족하게 여기며 그의 사랑을 항상 연모하라." 사랑은 서로 그리워하는 것이다. 이런 마음속에서 결혼이 준비되어가고 있는가 생각해 보자.

삶으로 떠나는 질문

결혼의 목적은 서로가 얼마나 준비를 했느냐에 따라서 달라지므로 서로간 신뢰 속에서 잘 준비되고 있는지 점검해 보자.

웨딩
큐티

신랑이 신부를 위한 기도

하나님 아버지!

결혼을 앞두고 당신의 선하신 뜻 안에서 아름다운 가정을 세우기 위해서 준비하는 중에 있습니다. 혼수를 준비하는 가운데 서로 다투지 않고 한 마음으로 준비해 갈 수 있도록 인도하여 주옵소서.

이제 부모님을 떠나 아내와 한 가정을 이룰 텐데, 감사함으로 기도하며 서로를 이해하는 마음이 변치 않게 하여 주시옵소서. 저는 배려심이 부족하고 이기적일 때가 많습니다. 제게 넓은 마음과 아량으로 언제나 위로와 격려하게 하옵소서. 또한 자매가 마음을 다쳤을 때 감정을 슬기롭게 헤아릴 수 있는 지혜를 주옵소서.

예수님께서 교회를 사랑하시고 자신을 주심같이 하라고 말씀하였습니다. 그런데 제가 부족하여 함부로 때 할 때가 종종 있었습니다. 언제나 웃는 얼굴로 자매를 대하는 넓은 마음을 주옵소서. 무슨 일이 있을 때 마다 저 혼자 끙끙 앓지 않고 같이 의논하고 기도하면서 해결 할 수 있는 여유도 주옵소서. 이렇게 아름답고 귀한 자매를 배필로 주심을 감사드립니다. 많은 기도를 통해서 우리들이 더 성숙하게 하여 주옵소서. 예수님 이름으로 기도합니다. 아멘.

4

기다리며
기도합니다

이러므로 사람이 그 부모를 떠나서 아내에게 합하여 그 둘이 한 몸이 될지니라 하신 것을 읽지 못하였느냐 이러한즉 이제 둘이 아니요 한 몸이니 그러므로 하나님이 짝지어 주신 것을 사람이 나누지 못할지니라 _**마태복음 19:5-6**

말씀 묵상

하나님께서 이 땅을 창조하시고 아담과 하와에게 주신 제도가 결혼제도이다. 그 결혼제도를 주신 이유를 성경은 3가지로 말한다. 첫째 이유는 부부에게는 서로 도움을 주고받을 수 있는 배필이 필요하기 때문이다. "사람의 독처하는 것이 좋지 못하니 내가 그를 위하여 돕는 배필을 지으리라"는 하나님의 말씀처럼 부부는 육체적으로, 정서적으로 그리고 영적으로 하나가 될 수 있는 배필이 꼭 필요하기 때문이다. 그렇게 함으로 이 땅에서 겪게 되는 외로움과 고독과 온갖 어려움의 터널을 벗어날 수 있기 때문이다.

둘째 이유는 가정에서 자녀를 생산함으로 생육하고 번성하라는 하나님의 명령에 순종하기 위해서다. 즉 경건한 자손을 얻는 축복이 결혼의 목적 중 하나이기 때문이다.

셋째 이유는 성적인 타락으로부터 부부를 보호하기 위해서다. 성경은 음행의 연고로 남자마다 아내를 두라고 명령한다. 사실 이 타락한 세상에서 음욕의 유혹에 부딪치며 살아간다는 것은 참을 수 없는 일종의 고문이다. 이 유혹으로부터 보호받을 수 있는 방법이 바로 결혼을 통한 부부의 성적 관계이다. 이처럼 하나님께서 성적 유혹이 거미줄처럼 퍼져 있는 현실을 바라보면서 우리가 하나님께서 만드신 결혼제도를 충실하게 지킴으로 가정을 보호하는 것이 가정에 부여된 중대한 사명이기 때문이다. 그래서 그리스도인 가정은 작은 교회가 되어 부부가 서로 사랑하면서 자녀들을 그리스도의 제자로 삼으라고 하신 이유가 여기에 있는 것이다.

결혼 묵상

미국의 자동차 왕 헨리 포드(Henry Ford)는 대기업을 일으킨 뒤 고향에 조그마한 집을 한 채 지었다. 그 집은 대기업 총수가 살기에는 매우 작고 평범한 집이었다. 이 집은 너무 초라하지 않나요? 하면서 주위 사람들은 걱정스럽게 포드에게 물었다. 그 때에 포드는 얼굴에

미소를 띠면서 "가정은 건물이 아닙니다. 비록 작고 초라하더라도 예수님의 사랑이 넘친다면 그곳이야말로 가장 위대한 집이지요". 이렇게 말했다고 한다. 지금도 디트로이트의 헨리 포드의 기념관에 가면 "헨리는 꿈을 꾸는 사람이었고 그의 아내는 기도하는 사람이었다."고 쓰여 있다. 헨리 포드의 성공의 이면에는 꿈꾸는 사람과 기도하는 사람이 함께 이룬 아름다운 가정이 있었다. 신랑과 신부가 이런 가정을 만들기 위해서는 로버트 프로스트(Robert Frost)의 시(時) 〈눈 오는 저녁 숲가에 서서(Stopping by woods on a snowy evening)〉를 읽어보자.

숲은 아름답고 어둡고 깊다.

그러나 나는 지켜야 할 약속이 있어

잠들기 전에 여러 마일을 가야만 한다.

잠들기 전에 여러 마일을 가야만 한다.

결혼의 목적

하나님의 집, 성전 안에 있는 야긴과 보아스라는 두 개의 기둥처럼 예수 그리스도와 그의 거룩한 말씀의 터전 위에 사랑과 순종의 기둥을 서로 세우자.

삶으로 떠나는 질문

하나가 아니고 둘이기 때문에 앞으로 가야 할 길을 위해서 공동의 목표가 설정되었는지 생각해 본다.

웨딩
큐티

신랑이 신부를 위한 기도

하나님 아버지 참 감사합니다.

사랑하는 자매와 함께 매일 말씀을 묵상하게 하시니 감사 합니다.

오늘은 사랑의 보금자리를 계획하고자 합니다. 성경적인 가정을 세우기 위해 지혜를 구합니다. 먼저 사랑을 기초로 세워 가게 하옵소서. 사랑이 모든 허물을 덮는다고 하였습니다. 그 사랑의 성숙도가 날마다 더 깊어지게 하옵소서. 또한 이해와 용서의 창을 갖기 원합니다. 대화를 통해 상대방의 입장과 처지를 듣고 이해하여 수용하는 모습에 익숙하게 하여 도와주옵소서. 그리고 포용하고 이해하는데 합심하며 자신의 입장이 아니라 상대방의 입장에서 보는데 주저하지 않게 하옵소서.

이는 기도가 없이는 불가능하다는 것을 잘 압니다. 우리의 의지는 무너지기 쉽습니다. 성령의 능력이 우리를 강권하여 결심을 맺어지기 하옵소서.

사랑의 하나님! 영육 간에 항상 건강하게 하여 행복한 가정을 이끄는 데 부족함이 없도록 날마다 채워주옵소서. 세상을 창조하시고 가정을 창조하시고 생육하고 다스리시는 우리 주 예수님의 이름으로 기도합니다. 아멘.

5

준비하며
기도합니다

사람이 마음으로 자기의 길을 계획할지라도 그 걸음을 인도하는 자는 여호와시니라 _잠
16:9

말씀 묵상

탈무드에 이런 이야기가 있다. 지혜의 왕 솔로몬이 다스리던 시
대에 어떤 집에 몸은 하나인데 머리가 둘인 아이가 태어났다. 부모
는 유산을 배분할 때 아이에게 한몫을 주어야 할지, 두 몫을 주어야
할지 판단하지 못해서 솔로몬 왕을 찾아 왔다. 솔로몬 왕은 그 날 밤
하나님께 지혜를 간절히 구하고 다음날 판결을 내렸다. 솔로몬 왕은
한 쪽 머리에 뜨거운 물을 붓게 하였다. 그때 두 머리가 동시에 "앗
뜨거워"라고 외치자 솔로몬 왕은 "이 아이는 한 몸이니 유산을 한몫

으로 배당하라"는 판결을 내렸다. 이 이야기는 형제의 기쁨과 아픔을 자신의 기쁨과 아픔으로 느끼는 사람만이 참 유대인이라는 메시지를 담고 있다. 이 이야기 속에서 우리가 생각해야 할 말씀은 이것이다. 첫째, 하나님은 우리가 여호와를 경외하는 삶의 원리를 붙들고 살기를 원하신다. 둘째, 대인관계에서 하나님의 성공의 원리를 붙들어라. 셋째, 물질관계에서의 하나님의 정의이다. 넷째는 하나님의 도우심으로 미래를 열어가라는 것이다. 하나님은 우리의 미래를 열어 가시고 책임지시기를 원하신다.

결혼 묵상

하나님께서 에덴 동산에서 아담과 하와를 창조하시고 그들이 동거할 때 기뻐하셨다. 아담과 하와는 인류 최초의 가정으로 에덴에서 하나님께서 짝지어 주신 부부이다. 이들의 결혼은 정말 환상적이었다. 중매와 결혼 주례는 하나님이시고 축하객은 천군 천사와 모든 자연의 삼라만상들이었다. 이 속에서 아담과 하와가 결혼을 하였을 때 하나님은 좋으셔서 미소지었을 것이다. 이것이 하나님께서 천지를 창조하시고 보시기에 심히 좋았더라고 하신 다음에 제일 흡족해하신 부분이었을 것이다. 그래서 신랑과 신부는 하나님께서 세우신 가정의 목적을 알아야 한다. 성경은 이렇게 말한다. "주님께서 기뻐하시는 일이 무엇인지를 분별하라."(엡 5:10)

어느 누구도 능숙하게 가정을 꾸려 나갈 면허증을 가진 사람은 없다. 처음에는 누구나 초보운전자이다.

이 노아는 혼란한 시대에도 의롭고 흠이 없는 당대에 의인이었다. 결혼을 앞둔 신랑과 신부는 노아처럼 하나님과 동행하는 삶을 살아야 한다. 그러면서 하나님만 신뢰하는 믿음의 사람이 되어야 한다(창 6:9). 성경은 노아의 신뢰성을 이렇게 말한다. 믿음으로 노아는 아직 보지 못하는 일에 대한 하나님의 경고를 들었다. 그는 하나님께 순종해서 그의 가족을 구원할 방주를 지었다(히 11:7). 노아는 그 경고를 듣고 의심할 수도 있었음에도 불구하고 하나님을 전적으로 신뢰하면서 방주를 다 완성하는 데 120년이 걸렸다. 그는 분명 힘든 날들을 보냈을 것이다. 이처럼 우리는 새 가정을 이루기 위해서 노아가 120년 동안 배를 짓는 심정으로 가정을 만든다면 아름다운 가정이 될 수밖에 없다. 120년의 순종이 행복의 열쇠이기 때문이다.

결혼의 목적의 대하여

하나님을 신뢰하는 가정이 될 때 하나님은 그 가정을 축복해 주시고 보시기에 좋은 가정이 되도록 인도하신다. 그러기 위해서 하나님을 기쁘시게 하는 일이 무엇인가를 생각해 본다.

삶으로 떠나는 질문

하나님이 우리에게 원하시는 것이 무엇인지를 안다면 신랑과 신부는 새 가정 안에서 어떤 부분을 가장 신뢰해야 하는가를 생각한다.

웨딩
큐티

신랑이 신부를 위한 기도

사랑의 하나님!

이 시간 저희들이 말씀을 묵상하면서 서로를 위하여 기도하게 하시니 감사합니다. 저희들의 기도를 통해 진정한 연합이 무엇인가를 알게 하시고, 하나님의 뜻 안에서 서로 사랑하고 희생하는 부부가 되게 하여 주옵소서.

사랑의 하나님! 저희는 아직도 제 유익만 고집하려고 합니다. 이 시간 나 자신보다 상대를 가치 있게 여기고 전에 가졌던 자의식이나 무감각한 마음을 버리고 소중히 여기며 배려하게 하옵소서.

결혼 후에도 변화와 성장을 거부하는 완고한 마음을 깨트려 주시고, 자신의 잘못을 솔직히 고백하여 변화시켜 나가게 하옵소서. 분주하다는 핑계로 서로 무관심하지 않고, 그리스도 안에서 적절한 감정의 표현과 대화를 통해 서로를 이해하게 하옵소서. 항상 "사랑의 입맞춤으로 피차 문안"(벧전 5:14)하는데 게으르지 않게 도와주옵소서. 주께 의탁하오니 이것들이 생각으로만 그치지 않고 변화의 시작이 되는 고백이 되게 하옵소서.

사랑이 많으신 예수님의 이름으로 기도드립니다. 아멘.

6

행복을 위하여
기도합니다

이스라엘이여 너는 행복자로다 여호와의 구원을 너같이 얻은 백성이 누구뇨 그는 너를 돕는 방패시요 너의 영광의 칼이시로다 네 대적이 네게 복종하리니 네가 그들의 높은 곳을 밟으리로다 _신명기 33:29

말씀 묵상

하나님의 집 솔로몬 성전에는 '야긴과 보아스' 라는 두 개의 기둥이 있었다. 이처럼 사랑과 순종의 가정에는 이해와 용서의 창이 있어야 한다. 창이 없는 집을 연상할 수는 없다. 집에 창이 있어야 빛이 머무는 것처럼 가정은 용서와 이해가 없이는 불가능하다. 피차 삶을 조명하는 이해의 영성이 없이는 용서가 불가능함으로 신랑과 신부에게 서로 열려진 창이 있어야 한다. 또한 우리는 지붕 없는 집을 연상할 수 없다. 이 지붕이 있기 때문에 폭풍우와 비바람으로부터 보호되는 아늑한 사랑의 보금자리와 피난처가 될 수가 있기 때문이다.

옛날 성을 점령한 어떤 장군이 성내에 있는 사람들에게 다음과 같은 명령을 내렸다고 한다. '이 성내에 있는 부녀자와 어린이는 가장 귀중한 보물을 하나씩만 가지고 오늘 자정 안에 성 밖으로 나가라.' 이 명령을 들은 부녀자와 어린이는 자신이 가장 아끼는 보물을 하나씩 들고 남편과 아빠가 적의 칼에 숨질 것을 생각하면서 통곡을 하며 성 밖으로 나갔다. 그런데 한 여인이 집의 보물은 하나도 가져가지 않고 자기 남편을 업고 성문을 빠져나가고 있었다.

장군이 말했다.

"담도 크구나, 너마저 죽고 싶으냐?"

그러자 여인이 큰 소리로 대답했다.

"장군께서 약속하시기를 가장 귀한 보물 하나를 들고 나가라고 하지 아니하셨습니까? 제가 업은 남편은 장군께는 하찮은 것일지 모르오나 저에게는 가장 귀중한 보물입니다. 약속을 지켜 주십시오. 그러자 장군은 한참 생각하더니 그들을 보내 주었다고 한다".

새 가정을 이루는 신랑과 신부에게 가장 귀중한 보물은 재물도 아니고 권세도 아니다. 이 세상에서 가장 귀한 보물은 나와 함께 손잡고 살아갈 남편이요 아내일 것이다. 이 세상에서 남편과 아내만큼 가장 귀한 보물은 없다. 하나님은 우리가 행복하게 살아가게 하기 위하여 남편을 주시고 아내를 주셨다. 그래서 부부는 평생을 신앙고백처럼 기쁠 때나 슬플 때나 서로 감사하면서 살아야 한다.

결혼 묵상

행복한 가정을 만들기 위해서는 먼저 자신의 나쁜 습성을 죽여야 한다. 그리고 서로의 좋은 습성을 가질 때 신랑과 신부는 아름다운 습관을 서로 만들어 갈 수가 있다. 만약 서로의 습성을 그대로 가지고 한 가정 안에서 산다면 며칠은 괜찮겠지만 서로가 조화를 이루기 위해서 시끄러울 수 밖에 없다. 그들의 삶이 예수 안에서 살았다 해도 살아온 세월이 서로 다르기 때문이다.

풍선 누르기를 해 보아라. 그때는 눌러서 들어가는 것 같지만 다음 자리로 옮겨 가 있다. 이처럼 서로 고치려고 하면 다른 내면의 모습들이 찌그러져 올라온다는 사실이다. 그래서 아름다운 가정을 만들기 위해서는 좋은 면은 인정하고 서로 세워 주어야 한다. 만약 신랑과 신부가 승리를 위한 시소게임을 한다면 거기는 상처와 신음 소리로 진동하게 될 것이다.

신랑과 신부가 서로 세워 주는 가정을 만들기 위해서는 서로 항복하고 순종하는 자세를 가져야 한다. 하나님께 항복하고 나 자신을 내어드릴 때 순종이 있는 아름다운 가정이 되기 때문이다.

새 가정을 이루기 위해서는 서로 통제하려고 하지 말고 모든 것을 하나님께 맡기고 나아갈 때 행복할 수가 있다. 아름다운 가정이 되기 위해서는 어떤 비난에도 서로 반응하지 않고, 스스로를 방어하지 말고 모든 것을 하나님께 맡기면서 나아가야 한다.

결혼의 목적

서로의 삶이 하나님 중심으로 항복하면서 나가고 있는지 살펴보면서 서로의 항복이 아름다움을 만든다는 것을 기억하라.

삶으로 떠나는 질문

나는 삶의 어떤 부분을 하나님께 맡기고 다듬어야 할 것인가를 생각해 보자.

웨딩
큐티

....
....
....
....
....

신랑이 신부를 위한 기도

신실하시고 놀라우신 하나님 아버지!

힘들고 어려운 순간도 있었지만, 믿음의 가정을 이룰 수 있도록 이끌어 주시는 하나님의 섭리에 감사드립니다.

지혜와 명철의 하나님 아버지, 나의 생각과 눈과 마음을 열어 자매의 마음을 헤아려 위로하게 하여 주옵소서. 지난 수십 년간 살아오며 형성된 삶의 습관으로 인하여 서로가 상처 받지 않도록 마음을 지켜 주시기를 간구합니다. 오고가는 대화 가운데 불신과 상처와 실망의 골이 깊어지는 것이 아니라, 서로를 향한 사랑과 감사와 인내와 기다림과 참 소망이 깊어지게 하여 주시기를 간구합니다. 그리고 영육의 가장으로서 옳은 길로 이끌어 갈 수 있도록 진리의 말씀이 날마다 내 안에 살아 숨 쉬기를 원합니다. 사랑하는 아내 될 자매의 사랑의 조언을 넓은 마음으로 받아들이고, 자매가 깨지기 쉬운 연약한 그릇임을 알아 함부로 대하지 않게 하여 주시옵소서.

결혼을 준비하면서 더욱 사랑하며 보호하며 아껴주어 서로를 향한 신뢰가 날마다 깊어지게 하여 주옵소서. 우리를 사랑하시는 예수님의 이름으로 기도드립니다. 아멘.

축복하며
기도합니다

무딘 철 연장 날을 갈지 아니하면 힘이 더 드느니라 오직 지혜는 성공하기에 유익하니라
_전도서 10:10

말씀 묵상

인간에게는 세 번의 만남이 있다. 먼저는 부모와의 만남이요, 다음으로는 배우자와의 만남이며, 그리고 가장 귀중한 만남인 하나님과의 만남이 있다. 이 만남은 모두 중요하며 소중하다. 그런데 성인이 되고 난 후 중요한 만남은 배우자와의 만남이다. 하나님은 인간을 행복하게 살도록 에덴에서 가정을 허락하셨다(창 2:18). 그래서 결혼을 하면 먼저 부모를 떠나야 한다(창 2:24). 이는 이별의 아픔을 통해서 독립이라는 새로운 모험에 대한 값비싼 대가를 치를 때 둘이

한 몸을 이룰 수가 있기 때문이다(창 2:24). 이제 결혼한 부부는 둘이 아니요 하나인 운명의 공동체인 것이다. 남편의 성공은 아내의 기쁨이요, 아내의 행복은 남편의 즐거움이 되기 때문에 서로 떨어지면 상처요 비극이다. 내가 예수님을 영접하면 내가 예수님 안에 있고 예수님은 내 안에 거하는 것과 같기 때문이다(고후 5:17). 동물의 세계에서 쥐가 달걀을 훔치는 방법으로 한 마리가 달걀을 품고 누우면 다른 한마리가 그 쥐의 꼬리를 물고 가는 것이다. 쥐가 이렇게 할 수 있는 것은 학습된 것이 아니라 쥐에게 주어진 지식 때문이다. 콩을 심으면 콩이 나고 팥을 심으면 팥이 나는 법칙은 무너지지 않고 지속되고 있는 것처럼 주님에 의해 지어진 목적을 따라 우리는 살아야 한다.

결혼 묵상

좋은 건물을 짓기 위해서는 설계를 잘해야 되는 것처럼 멋있는 인생을 살아가기 위해서는 멋진 인생 설계가 필수적이다. 옷의 맵시도 디자인에 따라 품격이 다르게 보이는 것처럼 가정도 어떻게 디자인하느냐에 따라서 차이가 크기 때문이다.

성공적인 가정을 이루려면 먼저 맡겨진 일에 책임을 다하는 사람이 되어야 한다. 성경은 성공을 이야기 할 때 먼저 다루는 문제가 인격이다. 즉 생활에서 드러나는 인격의 문제를 강조한다. 인격의 문

제는 생활의 문제보다 언제나 앞서 나온다. 이뿐만 아니라 존재의
문제는 행위의 문제보다 앞선다. 인격이 되면 그 생활이 달라지기
때문이다.

결혼의 목적

결혼의 성공적인 원리는 부모를 떠남에 있다. 어떻게 목적을 가지고 떠날 것
인지를 생각해 보자.

삶으로 떠나는 질문

부부가 연합하여 서로가 서로를 위해서 수용하고 개발하여야 할 것
들이 무엇인가를 살펴보고 떠남과 수용의 원리를 적용해 보아라.

웨딩
큐티

신랑이 신부를 위한 기도

아버지 하나님 감사합니다.

하나님께서 저희들을 첫 만남에서 지금까지 이끌어 주시고, 올바른 관계로 나아가도록 인도하여 주시니 감사합니다. 이제 저희들은 부모를 떠나 새로운 가정을 이루고자 합니다. 모든 것이 생소하여 두려운 마음이 듭니다. 이전에 느껴보지 못한 두려움이기에 하나님의 도움을 구합니다. 긍휼히 여기시고, 담대함과 용기를 허락하여 주옵소서. "두려워 말라 내가 너와 함께 함이니라 놀라지 말라 나는 네 하나님이 됨이니라. 내가 너를 굳세게 하리라. 참으로 너를 도와주리라. 참으로 나의 의로운 오른손으로 너를 붙들리라"라는 하나님의 음성을 듣기를 원합니다.

또한 구하오니 하나님의 은혜가 아니고서는 메마를 수박에 없는 사막과 같은 나의 마음에, 사랑을 부으사, 신부를 사랑하며 주님 안에서 연합하게 하옵소서.

사랑하는 신부와 온전한 연합을 이룰 수 있도록, 이 모든 것을 하나님의 주권에 100퍼센트를 맡깁니다. 주님의 말씀에 끊임없이 100퍼센트 순종하기를 원하는 마음으로 살게 하옵소서. 우리를 사랑하셔서 목숨까지 내어주신 예수님의 이름으로 기도드립니다. 아멘.

언약을 맺으며
기도합니다

다윗이 사울에게 말하기를 마치매 요나단의 마음이 다윗의 마음과 연락되어 요나단이 그를 자기 생명같이 사랑하니라 그 날에 사울은 다윗을 머무르게 하고 그 아비의 집으로 다시 돌아가기를 허락지 아니하였고 요나단은 다윗을 자기 생명같이 사랑하여 더불어 언약을 맺었으며 _사무엘상 18:1-3

말씀 묵상

스무 살에 혜성처럼 나타난 미국 뉴욕 발레단의 천재 무용수가 뉴저지에 있는 자신의 아파트에서 시체로 발견되었다. 죽음의 원인은 약물과다 복용이었다. 그런데 그 장례식에 한 여인이 찾아와서 너무나 처절하게 울면서 이렇게 이야기하였다.

"얘야, 너를 죽인 것은 바로 이 어미구나. 너희 아버지가 갑자기 소리 지르고 물건을 집어던지고 욕설을 퍼부을 때 그것이 나의 상처가 되어서 너를 때리기도 하고 욕설을 퍼붓기도 했구나. 알고 보면 네 아버지도 네 할머니의 희생자란다. 내가 화가 나고 짜증난다고 욕설하고 때리지만 않았더라면 네가 이렇게 슬픈 인생을 살지는 않았을 텐데……."라고 몸부림치고 통곡했다는 것이다. 이 청년의 이름은 '월터 패트릭 비쉐'로 천재 무용수였다. 그 어머니 패트리샤는 교회학교 교사와 성가대로 봉사하는 독실한 그리스도인이었다. 그러나 그는 남편으로부터 받은 상처와 아픔으로 인해 자신도 모르는 사이에 자기 아이에게 화가 나면 물건을 던지고, 때리고, 그 감정을 조절하지 못하고 폭발시켰던 것이다.

피곤하고 지칠 때 신세를 한탄하면서 자기 아들에게 이유 없는 매질을 할 때도 있었다는 것이다. 따뜻한 사랑과 격려를 원했던 아들은 기대했던 부모로부터 받은 모욕적인 학대와 외로움과 고독 가운데서 약물에 의지하지 않고는 자기 인생을 살 수가 없었던 것이다.

우리는 인생을 살아가면서 내 자신의 생각과 행동을 이해하지 못할 때가 많다. 내가 왜 이렇게 살아야 할까? 왜 이렇게 행동할까? 그 이유가 무엇일까? 설명할 수 없는 마음, 나도 이해할 수 없는 습관과 행동, 불행한 길로 가는 줄 분명히 알면서도 어쩔 수 없이 그것을 택할 수 밖에 없는 자신, 내 속의 저주스런 어떤 것이 내 마음과 행동을 몰고 가는 것을 느낄 때가 많다. 부정적인 사건이 내 마음 속에 머물러 있을 때 이것을 '상처'라고 이야기한다. 그래서 상처는 여

러 가지 모습으로 우리에게 형성되어 남아있게 된다. 그러나 그것은
새 가정을 만드는데 장애물밖에 되지 않는다.

결혼 묵상

결혼생활에서 일어나는 수많은 상처의 원인은 서로의 입장이 다
르기 때문이다. 남편의 입장에서, 아내의 입장에서 왜 상처를 받는
가를 살펴보자.

1. 남편들이 상처를 받을 때는 8가지의 경우이다.

첫째로, 남편의 자존심을 건드릴 때이다. 남자들에게 있어서 이
자존심은 옷과 같은 것이다. 옷을 벗겨 버리면 모든 것이 다 드러나
기 때문에 나타내지 않으려고 발악을 하는 것이다.

둘째로, 남편의 결정을 아내가 신용하지 않을 때이다. 남편이 결
정을 내렸을 때 비웃거나 신용하지 않을 때 남자들은 분노하고 자기
멋대로 하려는 경향이 있다. 그러므로 남편이 결정했을 때 시간적인
여유를 가지고 설득해도 늦지 않다.

셋째로, 남편의 삶의 우선순위를 아내가 따르지 않을 때이다. 어
떤 일을 할 때 남편이 중요하게 여기는 일을 같이 중요하게 생각지
않을 때이다. 즉 이 말은 남편이 집에 와서 심각하게 이야기를 하는
데 화제를 다른 데로 돌릴 때이다.

넷째로, 남편의 과거를 아내가 온전히 용서하지 않을 때이다. 어떤 일에 연관이 되면 자주 들추어 낼 때이다.

다섯째로, 자녀들이 아내의 태도를 본받아 아버지를 존경하지 않을 때이다. 즉 아버지의 권위가 땅에 떨어졌을 때이다.

여섯째로, 감사하는 마음이 결핍되었을 때이다.

일곱째로, 남편의 자녀 훈계 방법을 공적으로 불평할 때이다. 사적으로 이야기해도 좋은데 공적으로 아이들 앞에서 이야기를 하면 남편들은 상처를 받는다.

여덟째로, 공적으로 아내가 남편을 공박할 때이다.

2. 아내가 상처를 받을 때는 8가지 경우이다.

첫째로, 남편의 생애에서 아내가 최고가 아닐 때이다.

둘째로, 남편을 기쁘게 하려고 했는데 그것을 남편이 모른 체 할 때이다.

셋째로, 다른 여자와 비교당할 때이다.

넷째로, 남편의 영적 지도력이 부족하여 그 가정을 영적으로 리드하지 못한다고 생각할 때이다.

다섯째로, 아내의 의견이 존중되지 않을 때이다.

여섯째로, 남편의 삶이 무절제하다고 느낄 때이다.

일곱째로, 남편이 아내보다 자녀들의 의견에 동조할 때이다.

여덟째로, 공적으로 남편이 아내를 공박할 때이다.

이와 같이 결혼생활에서 상처의 원인들은 사소한 것들이다. 남편을, 아내를 배려하지 않는 행동들이 남편과 아내에게 상처를 준다는 사실을 잊지 말자.

결혼의 목적

결혼생활의 아름다움을 창조하기 위해서 서로에게 있는 상처의 원인들을 제거하라.

삶으로 떠나는 질문

상처는 내 안에 수 없이 잠재되어 있다. 그것이 나를 병들게 한다. 내 상처의 원인을 알고 처방하라.

웨딩
큐티

신랑이 신부를 위한 기도

사랑과 은혜가 풍성하신 하나님 아버지!

주님의 사랑 안에서 환희와 기대 속에 결혼을 하려고 합니다. 우리의 사랑이 영원하며, 무엇이든지 사랑의 열매로 결실을 맺게 하여 주옵소서.

우리가 가정을 이루고 살아갈 때 서로를 무시하지 않게 하시며 사랑의 감미로움과 기쁨과 환희를 맛 볼 수 있게 하여 주옵소서. 때로는 저희들에게 권태와 안일이 엄습할 지라도 지혜로 극복하게 하옵소서. 그리하여 이 삭막한 대지 위에 포근한 사랑의 산실되어 지친 영혼에 안식을 주는 사람들이 되게 하시고, 메마른 가슴에게는 사랑의 풍성함을 나누는 부부가 되게 하여 주옵소서.

주님! 연합을 위해 기도합니다. 장차 가정이 건강하게 세워지고 세상의 풍파 속에서 든든하게 서도록 항상 지켜 주옵소서. 믿음으로 기도하오니 세상적인 조건보다도 참된 신앙과 인격을 가져, 믿음으로 하나 되어 그의 나라와 그 의를 구하는 가정이 되게하여 주시옵소서.

또한 부부로서 서로를 배려 할 수 있는 마음을 주시고 하나님을 경외하는 부부로 태어나게 하여 주시옵소서. 둘이 하나 되어 주님만을 섬기며 사는 아름다운 가정이 되게 하여 주옵소서. 예수님의 이름으로 감사하며 기도드립니다. 아멘.

상처가 치유되기 위하여
기도합니다

무리가 돌아올 때 곧 다윗이 블레셋 사람을 죽이고 돌아올 때에 여인들이 이스라엘 모든 성에서 나와서 노래하며 춤추며 소고와 경쇠를 가지고 왕 사울을 환영하는데 여인들이 뛰놀며 창화하여 가로되 사울의 죽인 자는 천천이요 다윗은 만만이로다 한지라. _사무엘상 18:6-7

말씀 묵상

블레셋과의 전쟁에서 사울은 이길 수가 없었다. 이전의 역사를 보면 사울은 전쟁을 할 때마다 승리하였기 때문에 전쟁에 대한 자부심이 있었다. 그러나 이번 전쟁에서는 블레셋에 골리앗이라는 맹장(猛將)이 있어서 그를 꺾을 사람이 아무도 없었다. 그런데 그때 어린 목동 다윗이 나타나서 골리앗을 처치하면서 패배할 줄 알았던 사람들이 전쟁에서 승리하고 돌아오자 이스라엘 온 백성들은 사울을 환영하며 "사울이 죽인 사람은 천천이요, 다윗이 죽인 사람은 만만이라"고 찬양을 하였다. 이에 사울은 마음에 상처를 입고 말았다. 이일로 인해서 다윗은 사울에게 수많은 상처를 받는 사람이 되었다. 그는 사울에게 목숨의 위협을 느껴서 십여 년 이상 쫓겨 다니는 신세가 되어야 했다. 그러나 다윗은 자신의 상처로 인해서 자신의 자아상을 왜곡되지 않았고 상처가 기억되는 대로 행동하지 않았다. 여호와를 경외하는 것이 지혜의 근본임을 알았기 때문에 다윗은 상처 입은 대로 살지 않고 과감히 자기를 쳐서 복종시키고 하나님 말씀에 의지해서 살았다.

상처는 하나님과의 교제를 떠난 데서 오는 것이다. 그러므로 하나님의 말씀이 내 삶에 구체적으로 적용되도록 지혜롭게 살아야 한다. 마치 상처 때문에 돌밭과 같은 마음을 지니게 되면 두려움과 근심, 걱정, 심한 죄책감 속에 빠지게 되기 때문에 비뚤어진 마음들이 한 사람의 일생을 실패의 늪 속으로 이끄는 주된 요인이 되지만 마음의 내적 치유는 한 인생의 가치관, 가정관을 바꾸는 운명 같은 힘이 있기 때문이다.

결혼 묵상

사소한 상처일지라도 손이나 발 혹은 신체에 상처가 생기면 신경이 온통 그 상처에 집중하는 것을 본다. 신경은 예민해지고 조금만

누가 건드린다 해도 화를 내고 반응을 하게 된다. 그처럼 누구나 상처가 생기면 아물 때까지는 자유로울 수가 없고 상처의 노예가 되기 때문이다. 신체의 상처뿐만 아니라 마음의 상처도 마찬가지이다. 어릴 때 부모로부터 심한 학대를 받은 사람이나, 어떤 계기를 통하여 심한 충격을 받은 사람들은 그 마음의 상처가 성인이 되어서도 영향력을 미치는 것을 보게 된다.

영국 황실 아카데미의 유명한 바이올리니스트인 피터 구르퍼라고 하는 사람이 있었다. 그는 모든 바이올리니스트들의 일생의 소원인 스트라디벨리우스라는 사람이 만든 바이올린을 가지고 연주해 보기를 소원했지만 기회가 오지 않았다. 그러던 어느 날 258년 전에 스트라디벨리우스가 만든 바이올린을 가지고 핀란드에 가서 연주할 수 있는 행운이 찾아왔다. 그는 자기에게 찾아온 행운 때문에 흥분한 나머지 스트라디벨리우스의 바이올린을 안고서 길을 가다가 그만 넘어지는 바람에 그 바이올린이 깨지고 말았다. 힘겹게 얻은 기회를 놓치고 말았기에 낙심과 함께 절망하고 있었다. 그는 용기를 내서 혹시 바이올린을 고치는 사람이 있을까 하는 생각을 가지고 악기점에 들러서 물었을 때 바이올린을 손질하는 장인은 깨어진 바이올린을 보면서 "내가 그 악기를 고쳐 보겠다"고 하였다. 그리고 며칠 후 그 장인은 깨어진 바이올린을 감쪽같이 수리하여 주었다. 그리하여 피터 구르퍼는 장인이 고친 바이올린을 가지고 연주하게 되었는데 오히려 전보다 더 아름다운 소리가 나서 큰 찬사를 받았다는 일화가 있다. 이 이야기는 깨어진 심령이 어떻게 치유를 받아야 하는가를 보여 주는 실례라고 할 수 있다.

결혼의 목적

상처 난 심령을 온전케 하시는 치유자 하나님의 마음을 본받고 살아야 한다.

"형제들아 내가 우리 주 예수 그리스도의 이름으로 너희를 권하노니 다 같은 말을 하고 너희 가운데 분쟁이 없이 같은 마음과 같은 뜻으로 온전히 합하라"(고전 1:10)

삶으로 떠나는 질문

신랑과 신부는 서로 예민한 부분을 건드리지 않기 위해서 잘못된 언어와 태도를 교정하자(예를 들면 과거, 가정의 악습, 단점 등등)

웨딩
큐티

신랑이 신부를 위한 기도

사랑하는 하나님 아버지!

우리에게 결혼이라는 큰 선물을 허락해 주셔서 감사합니다. 무엇보다 지혜로운 자매를 맞이하여 아름다운 가정을 이룰 수 있도록 인도해 주시니 감사합니다.

특별히 내안에 거룩하지 못한 습관과 여전히 부족한 나의 연약한 모습들을 그대로 주님께 들고 나아갑니다. 이런 나의 허물들이 하나님이 주신 가정을 만들어 가는 데 조금도 방해가 되지 않게 하여 주시길 원합니다.

내안에 아직 쓴 뿌리와 견고한 진이 나를 에워싸고 있습니다. 이 어둠의 사단이 더 이상 나에게 수치심을 줄 수 없음을 선포하게 하소서. 늘 십자가 앞에 머물러, 주님이 나를 위해 그 모든 수치심과 상처와 고통을 지고 가심을 날마다 인정하게 하옵소서. 주님이 주신 그 사랑으로 놀라운 치유가 일어나게 하옵소서.

상처 입은 치유자의 삶이 우리를 통해 전달되는 역사가 일어나게 하옵소서. 예수님의 이름으로 기도드립니다. 아멘.

10

연약함이 치유되기 위하여
기도합니다

아내들이여 자기 남편에게 복종하기를 주께 하듯 하라 이는 남편이 아내의 머리 됨이 그리스도께서 교회의 머리 됨과 같음이니 …… 우리는 그 몸의 지체임이니라 이러므로 사람이 부모를 떠나 그 아내와 합하여 그 둘이 한 육체가 될지니 _에베소서 5:22-31

말씀 묵상

결혼에 대한 성경적인 원리는 "이러므로 사람이 부모를 떠나 그 아내와 합하여 그 둘이 한 육체가 되는 것이며 한 몸이 되는 것이다". 달리 말하면 부모로부터 독립하는 것이다. 성공적인 가정이란 부모를 떠나 독립하는 것으로 시작되기 때문이다. 따라서 부모나 형제, 친척이나 그 누구라도 부부 사이에 끼어들어서는 안 된다. 그것이 성경의 원리이다. 특히 신혼 3년의 기간은 부부가 한 몸이 되는 아주 중요한 기간이다.

〈새터데이 이브닝 포스트〉지가 '부부 냉각의 7단계'라는 제목의 기사를 실었다. 그것은 결혼 후 처음 7년 동안에 아내가 감기에 걸렸을 때 남편이 어떠한 반응을 나타내는가를 보여 주었다. 결혼한 지 1년째는 '달콤한 솜사탕 같은 사람, 나는 내 소중한 여인의 건강을 진심으로 걱정한다오. 당신은 악성 코감기에 걸린 것 같소. 나는 오늘 오후에 당신을 입원시켜서 종합건강 진단을 받게 하고 휴식도 취하도록 하겠소. 나는 벌써 병원 담당 관리자에게 말을 해 놓았소'. 2년째는 '이봐요. 나는 그 기침 소리를 좋아하지 않아요. 밀러 박사에게 전화 걸어서 이 곳으로 급히 오도록 부탁했소'. 3년째 '여보, 눕는 게 좋겠소. 불편할 때는 잠시 쉬는 것보다 더 좋은 것이 없어요. 뭘 좀 들겠소. 통조림 국물은 어떻소?' 4년째 '여보, 분별이 있어야지. 애들에게 밥 먹이고 설거지하고 마루를 정리한 후에 눕는 게 좋겠소'. 5년째 '왜 당신은 아스피린 두어 알을 먹지 않는 거야?' 6년째 '저녁 내내 물개처럼 기침을 하느니보다 양치질을 하든가 어떻게 좀 하라구!' 7년째 '제발 재채기 좀 그쳐! 내게 폐렴을 옮겨줄 셈이야?'

다시 말하면 3년까지는 사랑의 열기가 식어지지 않지만 그 이후부터는 사랑의 열기가 급격히 식어진다는 말이다. 그러므로 3년 동안 부모와 떨어져서 지지고 볶고 싸우면서 살다보면 결국 포기할 것 포기하고 양보할 것 양보하면 하나가 되는 날이 오기 때문이다.

결혼 묵상

미국에 살고 있던 청년 하나가 쿠바 일대를 돌아다니다가 거기서 공산주의자와 접촉하게 되었다. 그리고 그 공산주의자들이 헌신하고 있는 모습을 보면서 크게 감동을 느꼈다. 그는 자기를 기다리고 있는 미국으로 돌아갈 생각도 안하고 공산주의자로 돌아섰다. 그리고 자기 애인에게 관계를 단절하는 편지를 보냈고 후일 그 편지는 유명해졌다. 이 청년은 공산주의를 향한 자기의 헌신을 이렇게 고백했다.

우리 공산주의자들은 계속해서 죽어가고 있다. 우리는 총살당하고 교수형을 당하고 조롱을 당하고 직장에서는 파면을 당하고 수없이 어려움을 겪고 있다. 우리 중에 어떤 이는 살해당하고 그리고 투옥되고 있다. 우리는 가난함 속에 살고 있다. 그러나 우리는 거룩한 생활에 관한 한 영광스런 비전을 가지고 있다. 우리의 당과 우리가 믿는 이데올로기를 위해서 우리는 미련 없이 우리 생활 속에서 모든 것을 바친다.
우리는 영화를 즐길 시간도, 음악회에 갈 시간도, 좋은 식당에 가서 스테이크를 즐길 여유도 없다. 사람들은 우리를 광신자라고 부르나 우리는 세계를 공산화하기 위한 위대한 목표를 위해서 오늘을 살고 있다.
우리의 인생철학은 돈이나 세속적인 것으론 결코 살 수가 없다. 공산주의의 이것은 이제 나의 삶이다. 나의 사업, 나의 종교이다. 이것은 나의 취미이다. 나의 연인이며, 나의 아내이며, 나의 전부이며, 나의 땅이고 나의 고기이다. 나는 낮에는 공산주의를 위해서 일하고 밤에는 이것을 꿈꾸고 있다. 나는 나의 이상을 위해서 투옥될 각오를 하고 있다. 그리고 필요하다면 사형대에 설 각오도 되어 있다.

공산주의자로 전향한 한 사람이 이토록 헌신을 하고 있다면 주님을 위해 세상을 등진 우리는 이보다 더한 것으로 가정에 헌신을 해야 한다. 이를 위해서 주께서 신랑과 신부를 부르신다면 우리는 기쁨으로 응답해야 한다.

결혼의 목적
단점을 빨리 포기하고 서로의 장점에 집중해서 새로운 역사를 이룰 수 있는 힘을 만들자.

삶으로 떠나는 질문
서로의 양보를 통해서 믿음의 힘을 가지고 전진하자.

웨딩
큐티

신랑이 신부를 위한 기도

사랑의 주님!

많은 사람들 가운데 이 자매를 만나게 하시니 감사를 드립니다. "이는 내 뼈 중의 뼈요, 살 중의 살이라"라는 고백이 떠나지 않게 하여 주옵소서. 때로는 사랑이 약해지고, 때로는 그 사랑이 순간순간 잊혀 지겠지만, 성령님께서 첫 만남의 감격을 잊지 않게 하셔서 설레는 마음으로 살게 하여 주옵소서.

주님의 섭리 가운데 만나게 하신 자매를 위해서 기도합니다. 무엇보다 여호와를 경외하여 예배를 소홀히 여기지 않게 하옵소서. 인생의 수많은 어려움에 넘겨져도 훌훌 털고 일어서는 어른 신앙을 갖게 하옵소서. 또한 사랑방처럼 사람들을 대접하고 가난한 자들을 돌아보며 작은 것이라도 나눌 줄 아는 영성을 소유한 자매가 되게 하옵소서.

향유 부은 마리아처럼, 이 시대의 브리스가와 아굴라처럼 주께서 허락하신 재물로 주의 일을 돕는 가정 되게 하여 주시옵소서. 재물에 연연하다 죽음을 초래한 아나니아와 삽비라 같이 되지 않게 하시고, 무엇이든지 주께로부터 왔으니 주를 위해 드리며 헌신하기를 아까워하지 않는 가정 되게 하여 주옵소서. 하늘과 땅 사이에 우리를 도우실 분은 오직 여호와 하나님이시오니, 자매의 일거수일투족을 감찰하시고 인생의 순간순간 마다 간섭하여 주옵소서. 우리의 모든 것을 주께 맡깁니다. 책임져 주시옵소서. 예수님의 이름으로 기도합니다. 아멘.

제2부

축복의 기도
이렇게 합니다

11

하나 되기 위하여
기도합니다

아굴라라 하는 본도에서 난 유대인 하나를 만나니 글라우디오가 모든 유대인을 명하여 로마에서 떠나라 한 고로 그가 그 아내 브리스길라와 함께 이달리야로부터 새로 온지라 바울이 그들에게 가매 업이 같으므로 함께 거하여 일을 하니 그 업은 장막을 만드는 것이 더라 _사도행전 18:2-3

말씀 묵상

브리스길라와 아굴라는 언제나 함께하는 부부였다. 이들은 성경에서 이상적인 믿음의 부부임을 보여 주고 있다. 아브라함과 아내 사라는 떨어진 적이 있다. 욥 부부도 갈등관계 때문에 떨어져 산 적이 있다. 그러나 브리스길라와 아굴라는 언제나 함께하고 있다. 옛날부터 부부애가 좋은 사람을 금슬(琴瑟)이 좋다라고 말한다. 금(琴)은 거문고를 말하고 슬(瑟)은 비파를 말한다. 거문고와 비파가 잘 어울려 연주되면 최상의 소리가 나오듯이 부부가 잘 조화를 이루면 거문고와 비파가 어울리는 것과 같은 신비한 소리가 나기 때문이다.

중국에서 가장 오래된 시집인 〈시경〉에 "아내와 잘 합하는 것은 금슬을 고하는 것과 같다"라는 말에서 금슬 좋은 부부라는 말이 나왔다고 한다. 브리스길라와 아굴라는 이런 면에서 금슬 좋은 부부였다. 금슬 좋은 부부는 뜻이 같아야 한다. 그래서 인생길을 걸어 갈 수 있도록 같은 마음, 같은 말, 같은 가치관, 같은 열매를 가지고 살 때 위대한 일을 할 수 있는 것이다.

결혼 묵상

아름다운 가정은 부부가 친구와 같다는 말이 있다. 친구라는 단어를 사전에서 찾아보면 친할 친(親)자에 옛 구(舊)자를 써서 '오래두고 가깝게 사귄 벗'이라고 풀이하고 있다. 이런 친구 같은 부부가 행복한 부부이다.

에덴동산에서 아담과 하와는 하나님과 친밀한 관계를 누렸던 사람들이다. 의식이나 예식 같은 것이 없는 허물 없이 지냈던 관계였다. 죄의식이나 두려움의 방해 없이 아담과 하와는 하나님으로 인해 기뻐하였다.

구약 성경에 보면 하나님은 모세와 아브라함을 친구라 부르셨고, 다윗은 '내 마음에 합한 사람'이라고 하셨으며, 욥, 에녹 그리고 노아는 의인으로 하나님과 친밀한 관계를 유지했다(출 33:11, 17, 대하 20:7, 사 41:8, 약 2:23, 행 13:22, 창 6:8, 5:22, 욥 29:4)고 말하고 있다. 서로를 위해서 희생하지 않는 친구는 친구가 아니다. 또한 친구는 끊임없는 대화를 통해서 문제를 해결하는 사람들이다. 욥과 다윗이 하나님의 가까운 친구가 될 수 있었던 이유는 그들이 하나님의 말씀을 무엇보다 소중하게 여겼기 때문이다(욥 23:12, 시 119:97).

친구들은 비밀을 함께 나누고 속깊은 대화도 나눈다. 부부도 친구 같은 관계가 되어야 인생길을 동행할 수가 있다. 그러기 위해서는 친밀함이 있어야 한다. 친밀함은 상대에 대해서 갖는 솔직함이다. 부부는 서로가 서로에게 완벽함을 기대하지 않고 정직함을 원한다. 성경 속에 나와 있는 어느 누구도 완벽하지 않았다. 그렇지만 예수님은 솔직했던 삭개오를 받아 주셨듯 우리도 마찬가지이다. 모세 또한 하나님의 친구였다(출 33:12-17). 친구의 진정한 우정은 수동적인 것이 아니고 능동적인 것이다. 이것이 친구의 모습이다. 상대방의 중요한 것에 대해 함께 마음을 쓰면서 생사고락도 같이해야 한다. 이런 마음으로 인생길을 걸어 가다 보면 친구인 부부 사이는 행복해질 수밖에 없다.

결혼의 목적

내가 원하는 만큼 신랑과 신부는 가까워질 수 있다고 믿고 가야 한다.

삶으로 떠나는 질문

부부가 앞으로 가까워지기 위해서 언제나 현실적인 선택을 하라.
자기의 가능성을 개발해서 내 생각보다 더 아름다운 가정을 만들
어라.

웨딩
큐티

신랑이 신부를 위한 기도

하나님 아버지 감사합니다.

이렇게 서로를 위해 기도할 수 있는 시간을 허락하심을 감사를 드립니다. 이제 우리가 걸어가야 할 길은 동행의 삶이라는 사실을 알고 있습니다. 그러나 그 동행 가운데에 서로에 대한 감정과 의식, 행동에 따라 결혼생활에 큰 영향을 미치오니 좋은 영향력을 주고받을 수 있도록 도와주시옵소서.

사랑의 주님! 저와 우리 자매가 동등한 위치에서 서로를 바라 볼 수 있게 하여 주시고, 좋은 친구 같은 부부가 되어 서로를 이해하고 아끼는 마음이 풍성 할 수 있도록 채워 주옵소서. 많은 사람들은 기선을 먼저 제압하느냐에 못하느냐에 따라서 주도권이 결정된다고 하지만 저희는 주님께서 서로를 돕는 자로 세워 주셨음을 깨닫고 인생의 동반자로서 함께 걸어가게 하여 주옵소서.

인생을 함께 걷는 과정 가운데에 서로를 향한 신뢰가 흔들리지 않게 하시고, 서로를 향해서 비밀까지도 정직하고 진솔하게 나눌 수 있게 하여 주옵소서.

오늘 말씀을 통해서 앞으로 아내가 될 사랑하는 자매가 내 인생의 동반자라는 사실을 깨닫게 하심을 진심으로 감사드립니다. 저희들은 지금까지 서로 사귀면서 동반자의 위치로 바라보지 못하고, 수동적으로 다가갔던 나 자신을 회개합니다. 오늘 깨달은 말씀을 가지고 서로를 세워가는 주의 마음에 합당한 자가 되게 하여 주옵소서. 사랑이 많으신 예수님의 이름으로 기도드립니다. 아멘멘.

12

아름다워지기 위하여
기도합니다

너희가 그리스도 예수 안에서 나의 동역자들인 브리스가와 아굴라에게 문안하라 저희는 내 목숨을 위하여 자기의 목이라도 내어 놓았나니 나뿐 아니라 이방인의 모든 교회도 저희에게 감사하느니라. _로마서 16:3-4

말씀 묵상

브리스길라와 아굴라는 경건한 유대인 부부이다. 그들은 당시 로마제국의 수도 로마에서 살다가 로마 황제의 유대인 차별정책의 일환으로 A. D. 52년경에 로마에서 추방되어서 고린도 지역으로 이주하였다.

아굴라와 브리스길라 부부는 이 도시에서 같은 유대인으로서 순회 전도인인 사도 바울을 만나고 함께 천막 만드는 일을 하며 복음을 전하였다. 이들은 같은 업종의 일을 하면서 복음을 전했다. 부부가 협력하여 바울 사도와 함께 복음을 전했다는 것은 부부가 파트너로서 복음을 협력하는 일에 일치하였다는 것이다. 하나님을 섬기는 부부는 동역자요. 인생길의 파트너요. 복음사역을 위해 협력해야 한다.

가정의 성공은 혼자서 북 치고 장구 치는 '독주곡'이 아니라 두 사람이 함께 만들어가는 '협주곡'이기 때문이다. 그래서 혼자 이루어낸 성공은 배우자를 초라하게 만들지만 부부가 함께 일궈낸 성공은 두 사람 모두를 존귀한 존재로 성장시켜주기 때문이다.

하나님께서 결혼이라는 제도를 만들어내신 이유도 결국은 서로 돕기 위해서이다. 성경에서 배우자를 '돕는 배필'이라고 부르는 것도 이 때문이다. 돕는 배필로서 배우자가 할 수 있는 일 가운데 가장 큰 일은 상대방이 성공할 수 있도록 돕는 일이다. 어떤 부부는 거실에 비전 서약서를 걸어놓고 생활한다. "우리의 목적은 서로 사랑하면서 성장하는 것이고 서로 인내하면서 사랑의 기술을 키워가는 것이다." 이러한 인생의 설계도가 있다면 이미 성공한 커플이라고 해도 지나침이 없을 것이다. 이런 부부가 되도록 준비하자.

결혼 묵상

가정에서 성공이라는 말은 적합하지 않다. 가정에 성공은 있지 않기 때문이다. 그러나 구태여 아름다운 의미를 찾아서 말하려면 타인에게는 그렇게 보일지 몰라도 본인들에게는 성공이라는 단어가

어울리지 않기 때문이다. 그러나 성공적인 남편, 혹은 성공적인 아내, 성공적인 파트너가 되기 위해서는 다음과 같은 요소들을 만들어야 한다.

1. 배우자를 하나님이 허락하신 사람으로 믿고 있는 그대로를 받아들여야 한다.

로마서 15장 7절에 "이러므로 그리스도께서 우리를 받아 하나님께 영광을 돌리심과 같이 너희도 서로 받으라." 상대를 변화시키려고 하기보다는 있는 그대로 받아들이고 수용할 수 있어야 한다. 만약 그렇지 못하고 계속해서 서로가 서로를 변화시키는데 너무 열중하다보면 서로 피곤해서 좌절하고 말 것이다.

2. 피차에 복종하라

에베소서 5장 22절에 "아내들이여 자기 남편에게 복종하기를 주께 하듯 하라." 에베소서 5장 21절에 "그리스도를 경외함으로 피차 복종하라." 성경은 먼저 그리스도를 경외함으로 피차 복종하라고 말한다. 성경은 피차 복종할 것을 강조하면서 남편에게 한 가지씩 부탁하는 장면에서 아내를 향하여 이 복종의 윤리를 강조하고 있다.

3. 나의 허물이나 실수 혹은 잘못된 행위를 인정하고 고백하며 배우자의 도

움을 받아서 교정을 하는데 최선을 다하라.

　그리스도인의 삶을 위협하는 것 가운데 가장 무서운 사상은 기독교적인 것 같으면서 기독교적인 가르침과 실제로 거리가 먼 완전주의 사상이다. 물론 이것은 그리스도인들이 지양해야 하며 서로 완전해지기 위해 말씀 안에서 노력해야 한다.

　4. 가장 가까운 이웃은 나의 배우자임을 알고 사랑을 증진시키는 일에 우선순위를 두어야 한다.

　베드로전서 3장 7절에서 "남편 된 자들아 생명의 은혜를 유업으로 함께 받을 자로 알아 귀히 여기라." 부부는 영원한 삶을 함께 준비하는 파트너이다. 그래서 우선순위에 두는 모든 일에 배우자와 함께 하는 것을 습관을 길러야 한다.

5. 배우자의 권리를 인정하고 자신의 욕구 충족보다는 배우자의 필요를 만족시키기 위해서 힘쓰라.

남편은 남편의 권리를, 아내는 아내의 권리를 주장하려고 한다. 그러나 자신의 욕구보다는 배우자의 필요를 만족시키기 위해서 더욱더 힘써야 한다.

6. 한 부부가 성취해야 할 삶의 목적을 자주 상기하고 나누도록 하라.

우리는 어디를 향하여 가고 있는가? 그 목적을 계속 확인하는 일과 예배 때마다 그 목적을 부부가 함께 다짐하는 일은 중요하다. 히브리서 12장 2절에 "믿음의 주요 또 온전케 하시는 이인 예수를 바라보자."고 하였다.

7. 주어진 삶의 프로젝트를 위해서 부부가 서로 어떻게 협력할 것인가를 지속적으로 의논하라.

부부는 같으면서도 다르다. 서로 다른 남편과 아내를 주셨다는 것, 이것은 서로의 부족한 부분을 보완하기 위해서 주셨다는 사실을 알고 이해해야 한다.

결혼의 목적

하나님께서 아담과 하와를 만드시고 하나님 보시기에 좋았던 것처럼 부부의 삶이 하나님 보시기에 가장 멋있어야 한다.

삶으로 떠나는 질문

가장 행복한 부부가 되기 위해서 서로의 조화와 적용을 통해 성공적인 결혼생활을 위해서 노력해야 한다(애정의 확신, 신뢰의 확신, 믿음의 확신).

웨딩
큐티

신랑이 신부를 위한 기도

사랑과 은혜가 많으신 하나님 아버지!

주님의 사랑 안에서 저희 두 사람을 불러 주시고, 서로 사랑하는 마음을 주셔서 결혼하도록 인도해 주심에 감사를 드립니다. 두 사람의 형편과 사정을 저희보다 잘 아시는 주님께서 친히 인도하여 주심에 감사를 드립니다. 서로 다른 가정환경에서 자라 이제 서로가 한 마음과 한 몸을 이루는 것을 준비하고 있습니다. 저희들이 서로를 모르는 부분이 있더라도 서로 이해하며 상대를 배려하는 마음을 갖도록 인도하여 주시고 둘이 한 몸이 되어서 주님의 말씀을 더욱 의지하고 감사하며 살게 해 주시옵소서.

두 사람이 서로 화합하며 서로 도와주며 서로 의지하게 하시고 서로를 가르치고 바꾸려고 애쓰는 것이 아닌 서로의 부족을 이해하며 서로 받아들이는 마음을 허락하여 주옵소서. 각자에게 귀한 달란트를 주심에 감사를 드립니다. 자매에게 귀한 은사와 달란트를 주셨음을 믿습니다. 그 은사가 단지 저희를 위한 은사로 쓰이지 않게 하여 주옵소서. 바라기는 그 은사를 통해 주님께 영광과 기쁨이 되길 소망합니다. 인간의 성공을 꿈꾸는 것이 아니라, 주님의 나라를 위한 큰 꿈을 꾸게 하여 주시고 그 소망이 주님 안에서 아름답게 이루어지길 간절히 바라옵니다. 저 또한 자매에게 주신 은사를 잘 사용하며 쓰이도록 즐거운 마음과 기쁨으로 돕게 하여 주시고, 하나님의 주신 것에 늘 감사하며 더욱 드리는 삶으로 살게 하시옵소서.

사랑 많으신 예수 그리스도의 이름으로 기도합니다. 아멘.

꿈을 이루기 위해서
기도합니다

나는 사론의 수선화요 골짜기의 백합화로구나 여자들 중에 내 사랑은 가시나무 가운데 백합화 같구나 남자들 중에 나의 사랑하는 자는 수풀 가운데 사과나무 같구나 … 너희는 건포도로 내 힘을 돕고 사과로 나를 시원케 하라 내가 사랑하므로 병이 났음이니라 _아가서 2:1-5

말씀 묵상

인간관계는 "상대방을 내가 어떻게 인식하느냐에 따라 달려 있다." 상대방이 가지고 있는 그 본질적인 요소는 변함이 없는데 내가 상대방을 어떻게 인식하느냐에 따라서 상대방이 다르게 보일 수가 있기 때문이다. 나의 사랑하는 남편은 하나도 달라질 게 없는데 아내의 입장에서 보면 결혼 전에 바라보던 시각과 결혼 후에 바라보는 시각과 인식의 차이가 있기 때문에 다르게 보인다.

사람은 누구든지 지금 내가 처해 있는 형편과 처지, 내 마음의 태도에 따라서 상대방이 달리 보일 수 있는 것이다. 이때 우리는 아가서에 나오는 고백처럼 "여자들 중에 내 사랑은 가시나무 가운데 백합화 같구나"라고 처녀를 찬양하고 처녀는 총각에게 "남자들 중에 내 사랑하는 자는 수풀 가운데 사과나무 같구나"라고 찬양을 해야 한다. 그럼에도 불구하고 사람은 근본적으로 하나님이 주신 상대방의 독특한 기질을 있는 그대로 수용하지 않고 나의 판단 기준에 맞추려 하기 때문에 상대방과 갈등을 겪게 되는 것이다. 이것이 바로 모든 사람이 자신의 이기심을 따라 살아간다는 증거이다. 따라서 바람직한 부부관계의 원칙은 상대 배우자의 얼굴과 개성과 기질은 내가 원하는 취향대로 고칠 수 없는 것임을 깨닫고 있는 그대로 받아들이는 것이다.

　아름다운 부부관계란 하나의 흠도 없는 완전한 관계가 아니라 건전한 시각으로 상대의 결점을 받아들이고 눈감아 주는 관계이다. 이 같은 관계를 만들기 위해서는 남편과 아내 사이에는 가정의 주인이신 하나님이 계심을 확인하면서 부부가 서로에게 행한 것이 결국에는 하나님께 행한 것임을 깨닫고 순종하는 것이다. 연약하고 부족한 부부 사이의 조정자가 바로 우리의 주인이신 사랑의 하나님이시기 때문이다.

결혼 묵상

김열규 교수는 『욕 그 카타르시스의 미학』이란 책에서 "욕은 감정의 발산인 동시에 감정의 달램이고 감정의 삭임질이라"고 평가하고 있다. 그러나 욕은 감정에서 걸러지지 않을 때 무서운 폭력이 될 수 있다. 흔히 부부 사이를 가장 편한 말 상대로 여기고 별 생각 없이 함부로 말하는 것을 쉽게 보게 된다. 그러나 이것이 불씨가 되어서 평생 아물지 않는 상처가 되기도 하고 급기야는 가정이 파탄에까지 이르는 경우가 흔히 있다.

데이비드 억스벅(David Augsburg)의 『사랑의 대결』이란 책에는 부부 싸움의 세 형태를 소개한다.

첫째, 형태는 I win, You lose의 형태로서 "내가 이기고 네가 졌다"는 형태이다.

이것은 가장 바람직하지 못한 형태로서 더 큰 싸움을 위한 일시 휴전이라는 것이다.

둘째, 형태는 You win, I give up의 형태로서 "네가 이기고 나는 포기한다"는 형태인데 이 역시 바람직하지 못한 형태로서 포기는 증오를 낳는 것이다.

셋째, 형태는 Door mat의 형태로서 "나를 밟고 가라. 그러나 흙을 집에 들이지 말라"는 형태인데 이것이 예수님께서 보여 주신 길이라고 할 수 있다.

세상에서 제일 이기기 힘든 것이 자기(自己)자신이다. 그 가운데서도 가장 다스리기 힘든 것이 말이다. 우리는 가장 가까운 부부사이에 고운 말을 사용해 우리의 마음을 좀 더 밝고 따뜻하고 경건하게 만들어가야 할 것이다.

부부생활도 원칙이 있고 기술도 필요하다. 부부생활은 마치 리어카에 짐을 잔뜩 싣고 언덕을 오르며 앞에서 당기고 뒤에서 밀어주는 일과 같다. 거기에는 신뢰감, 상호 관계성, 정직성, 즐거움, 섹스의 원칙이 있고 기술도 필요하다.

결혼의 목적

서로 분리되었으나 연합을 통해서 수용함으로 아름다운 가정을 만들어 가는 삶을 살아야 한다.

삶으로 떠나는 질문

연합을 통한 수용을 통해서 일치를 배우고 서로 정직한 일치를 만들면서 살아가야 한다.

웨딩
큐티

신랑이 신부를 위한 기도

사랑의 하나님 감사합니다.

이제 결혼이 얼마 안 남았습니다. 하나님의 은혜와 섭리 가운데 우리 두 사람을 만나게 하시고, 이렇게 한 가정을 이룰 수 있게 해 주셔서 감사합니다.

저희가 앞으로 살아가기 위해서는 하나님께서 주시는 사랑과 도움이 절대적으로 필요함을 고백합니다. 저희 두 사람을 도와주셔서 얼마 남지 않은 결혼 준비 과정을 신뢰와 이해, 사랑의 마음으로 잘 감당하게 하시고, 일생을 살아갈 동안에도 하나님께서 저희 가정을 은혜와 사랑으로 돌보아 주옵소서.

제 아내를 사랑으로 섬기는 남편이 되게 하여 주옵소서. 저는 환경의 억압이 있을 때 쉽게 분노를 잘하는 미성숙한 사람입니다. 결혼 준비의 막바지에 이르면서 많은 것들을 결정해야하기에 스트레스가 있습니다. 남은 기간 동안 제 마음을 평강으로 지켜주시고 지혜를 주셔서, 자매에게 항상 너그럽고 온유함으로 대하게 하시고, 곤란한 상황들을 잘 헤쳐 나갈 수 있도록 인도하여 주옵소서.

하나님 아버지! 오늘은 신혼여행에 필요한 물품을 사러 가려고 합니다. 저는 쇼핑을 하는 데에 서툴고, 오랜 시간 물건을 구경하러 다니는 것이 쉽지 않습니다. 제게 자매의 의견에 귀 기울일 수 있는 겸손함을 허락해 주시고, 비록 익숙하지 않은 일이어도 자매의 쇼핑 스타일에 잘 맞춰줄 수 있는 넓은 아량을 허락해 주옵소서.

예수님의 이름으로 기도 드립니다. 아멘.

친절하기 위하여
기도합니다

너희가 그리스도 예수 안에서 나의 동역자들인 브리스가와 아굴라에게 문안하라 저희는 내 목숨을 위하여 자기의 목이라도 내어 놓았나니 나뿐 아니라 이방인의 모든 교회도 저희에게 감사하느니라 _로마서 16:3-4

말씀 묵상

인생의 목표가 같은 사람을 만나서 선한 일을 함께 도모할 수 있다는 것은 큰 행복이 아닐 수 없다. 아굴라와 브리스길라 부부는 원래 천막제조업자였다. 그런데 바울도 천막제조 기술을 가지고 있었기 때문에 함께 동업을 하게 되었다. 이 사람들에게는 복음 전하는 일이 본업이고 천막 만드는 일은 부업이었다. 대개의 사람들은 먹고 사는 일이 본업이고 교회 일은 부업으로서 취미나 교양 정도로 생각하는 경향이 많다. 그러나 믿음의 사람들은 하나님의 일을 하는 것이 본업이고 직장 생활이 부업이 되어야 한다. 성경에 이들 부부의 이름은 언제나 함께 등장한다. 브리스길라를 언급할 때는 뒤에 아굴라가 나오고, 아굴라로 시작되는 구절에는 꼭 뒤에 브리스길라가 등장한다. 이들 부부는 균형 잡힌 신앙의 부부이다. 이들의 이름이 서로 뒤바뀌어져서 나오는 것은 서로 격려하고, 위해 주며, 오직 하나님의 나라를 위해 목숨을 바치고자 하는 섬김 때문이다. 신랑과 신부가 아굴라와 브리스길라와 같은 사람을 모델로 삼고 남편은 아내를, 아내는 남편에게 힘을 북돋아주며 격려하고, 함께 승리하고, 함께 기뻐하는 믿음의 부부로 세워져야 할 것이다.

나에게 잘 어울리는 사람
용혜원

나를 만나기 위해 활짝 웃는 얼굴로
어깨를 들썩이며 신나는 표정으로
뛰어올 그대 모습이 보고 싶다

나를 만나면 이야기를 재미있게 해주려고
갖가지 얼굴 표정에 손짓 발짓까지
다 동원하는 그대 모습이 보고 싶다

언제나 내 마음을 잘 알아주는

그대는 나에게 잘 어울리는 참 좋은 사람이다

결혼 묵상

오래 전 뉴욕 주에서 어느 두 가족사에 대해 조사를 했다. 한 가족은 맥스 주크 가족이고 다른 한 가족은 조나단 에드워드 가족이었다. 이 가족사를 보면 놀라움을 금치 못한다.

맥스 주크는 믿지 않는 사람으로 하나님을 믿지 않는 여자와 결혼을 했다. 그리고 알려진 후손들 중에서 1,200명 이상을 조사했다. 310명이 직업적 부랑자였다. 440명이 방탕하게 살다 육체적으로 망가졌다. 130명이 각각 평균 13살 때 교도소에 들어갔고 그들 중 7명은 살인죄로 수감되었다. 알코올 중독자는 100명 이상이었다. 60명은 상습적인 도둑이 되었다. 190명의 창녀. 그나마 기술을 배운 20명 중 10명은 교도소에서 배웠다. 이들은 뉴욕 주에 약 1,500,000달러의 손해를 끼치고 있으면서 사회에 공헌한 것은 아무것도 없었다.

그러나 거의 같은 시대에 하나님의 사람으로서 조나단 에드워드는 경건한 여자(목사의 딸 리브)와 결혼을 했다. 그 가족사를 보면 300명의 목사, 선교사 그리고 신학교 교수가 나왔다. 100명이 넘는 사람이 대학교수가 되었다. 100명 이상이 법률가. 그들 중 30명이 판사가 되었다. 60명이 의사가 되었다. 60명 이상이 훌륭한 고전이나 양서를 쓰는 작가가 되었다. 14명이 대학의 총장이 되었다. 이 가족으로부터 미국 산업계에 수많은 거인들이 탄생했다. 3명이 미국 의원이 되었고 한 사람은 미국의 부통령이 되었다. 한 가장의 정신적인 영향력이 당신의 가정을 만들어 갈 것이다. 그래서 좋은 가정을 만들기 위해서 좋은 영향력을 받아야 한다.

결혼의 목적

대화 속에서 주님을 통한 아름다운 교제를 이루도록 서로가 서로에게 가정의 언어를 만들어 가야 한다.

삶으로 떠나는 질문

아름다운 대화는 첫째가 지혜이고, 둘째가 이해이며, 셋째는 서로 사랑으로 대화를 나누어라("대저 여호와는 지혜를 주시며 지식과 명철을 그 입에서 내심이며" 잠 2:6).

> 웨딩
> 큐티

신랑이 신부를 위한 기도

저와 함께 동행하여 주신 주님!

오랜 저의기도 끝에 귀한 주님의 자매를 만나게 하여 주셔서 한 몸을 이루고 한 가정을 이루게 하여 주심을 감사드립니다. 바울과 동역하였던 아굴라와 브리스길라 부부처럼 우리 부부도 늘 주님의 일에 힘쓰며, 하나님의 마음을 시원케 해드리는 부부가 되게 하여 주시기를 기도합니다. 그리고 이웃의 마음 또한 시원케 해드리는 사랑과 인정이 넘치는 부부 되기를 소원합니다.

오랜 기간 동안 저희는 너무나도 다른 환경가운데서 살아왔습니다. 앞으로 익숙하지 않은 많은 부분들이 드러나고 부딪힐 터인데 서로 용납하며 이해할 수 있는 넉넉한 마음을 허락하여 주시기를 기도드립니다. 싸우더라도 해가 지도록 분을 품지 않게 하여주시고, 먼저 화해의 손길을 내밀 수 있는 저희 부부가 되게 하여 주시기를 원합니다. 마귀의 틈을 주지 않기 위해 서로 분방하지 않게 하여주시고 서로에 대한 배려가 늘 우리의 삶 속에, 언어에, 행동에, 표정에 배어 있게 하여 주시기를 원합니다. 하나님을 가장 우선시하여 섬기되 양가 부모님에게 차별 없이 공경하며 잘 섬길 수 있는 부부 되게 하여 주시기 원합니다. 무엇보다도 감사한 것은 다른 어떤 외적인 조건보다 평생에 걸쳐 주님의 일을 같이 할 수 있는 사람을 만나게 해달라고 기도했었는데, 동일한 비전을 품고 살아갈 수 있는 자매를 만나게 하여 주셔서 감사드립니다. 우리의 마음 또한 한 마음이 되어서 나누어지지 않고 무엇을 하든지 늘 한 마음으로 주께 하듯 하게 하여 주시기를 기도드립니다.

우리가 먼저 하나님을, 생각할 수 있는 가정되기를 소망합니다. 그리하여 많은 사람들이 우리 가정을 보고 하나님 나라를 볼 수 있게 하옵소서.

우리를 사랑하시는 예수님의 이름으로 기도 드립니다. 아멘.

15

행복한 부부되기 위하여
기도합니다

여호와 하나님이 아담에게서 취하신 그 갈빗대로 여자를 만드시고 그를 아담에게로 이끌
어 오시니 아담이 가로되 이는 내 뼈 중의 뼈요 살 중의 살이라 이것을 남자에게서 취하
였은즉 여자라 칭하리라 하니라 이러므로 남자가 부모를 떠나 그 아내와 연합하여 둘이
한 몸을 이룰지로다 _창세기 2:22-24

말씀 묵상

결혼이 다가오면서 사랑하는 사람과 결혼해서 가정을 이루게 되
면 낭만적이고 행복한 삶을 영원히 지속시킬 수 있으리라는 환상이
있다. 그렇지만 현실 속에서 경험하는 가정은 환상과는 너무나 멀리
떨어져 있다.

가정은 가장 치열한 영적 싸움터로서 갈등과 고통의 온상이 되어
버렸기 때문에 결혼의 문턱에 서있는 젊은이들은 무엇보다 사람사

이의 갈등을 해소하는 방법을 미리 배울 필요가 있다. 이를 위해서는 무엇보다도 남녀 사이의 차이를 알아야 한다. 예를 들어 남자는 논리적이고 한 가지 일에 집중하는 반면에 여자는 감각적이고 여러 가지 일을 동시에 할 수 있다. 그리고 남자가 지배적이고 업무 지향적인 반면에 여자는 관계 지향적이기 때문에 서로에 대해서 단순한 정보의 교환만이 아닌 감정과 상처와 기쁨을 함께 나누는 대화의 기술이 필요하다. 그러나 부부관계의 성공을 위한 최고의 방법은 "주는 자가 받는 자보다 복이 있다"는 말씀의 원리를 깨닫고 실천하는 것이다.

모든 갈등의 원인이 사실은 나의 유익을 극대화하려는 이기심으로부터 시작되기 때문이다. 그래서 주님께서 주신 새 계명을 따라 사랑을 받기보다는 줌으로써 상대가 변하고 모든 사람과의 관계에서 성공하게 되고 사람들로부터 진정으로 높임을 받게 되고 장수하고 부요해지고 가정이 천국으로 변하는 이 승리의 비결을 깨닫고 실천해야 된다.

결혼 묵상

한 심리학자가 아주 재미있는 분석을 했다. "우리나라 여성들이 남성에 대해서 꾸는 꿈은 두 가지 종류라고 한다. 하나는 신데렐라의 꿈이고, 또 하나는 온달의 꿈이다. 신데렐라의 꿈은 백마를 탄 왕자님이 번쩍거리는 유리 구두를 들고서 자기를 찾아와 줄 것을 기대하는 꿈이다. 이미 출세해 있는 남자를 기다리는 꿈이다. 반대로 온달의 꿈은 현재의 남자가 보잘것 없지만, 자신의 헌신적인 내조를 통해 그 남자를 훌륭한 인물로 만들어보겠다는 꿈이다. 평강공주가 가졌던 꿈이 바로 그것이다. 그에 반해서 남성들의 꿈은 두 가지이다. 하나는 미스코리아의 꿈이고, 또 다른 하나는 복부인의 꿈이다. 그러니까 아내가 예쁘든지, 그렇지 않으면 아내가 자기를 대신해서 돈이라도 많이 버는 것을 원하는 꿈이다. 그러나 이런 꿈은 가정의 행복을 위해서 빨리 깨는 것이 좋다. 하나님께서 우리를 부부로 허락해 주신 것은 서로 간에 돕는 배필이 되라고 하셨지 내 욕구를 충족시키기 위해서 기대하는 배필이 되라고 우리를 짝지어주신 것은 아니기 때문이다.

하루는 어떤 신문기자가 영국의 수상 처칠에게 물었다.

"만일 수상께서 다시 태어나신다면 어떤 일을 하시겠습니까?" 아마 그 질문은 "다시 태어나신다고 하더라도 정치를 또 하시겠습니까?"라는 의도였을 것이다. 그런데 처칠이 그 질문을 받자마자 아무런 주저 없이 이렇게 대답했다. "내가 다시 태어난다고 해도 나는 지금 내 아내의 남편이 되겠습니다." 옆에서 그 말을 듣고 있는 처칠의 아내는 얼마나 행복했을까? 이것이 행복한 부부의 마음이다.

결혼의 목적

서로 돌아보며 결혼의 아름다움을 만들기 위해서 우리 부부에게 주신 가정의 목적을 만들기 위하여 노력하자.

삶으로 떠나는 질문

서로에게 행함, 외모, 태도, 응답이라는 벽돌을 제거하고 서로 동거하고 인정할 때 아름다움은 만들어져 간다.

웨딩
큐티

....

....

....

....

....

신랑이 신부를 위한 기도

사랑의 하나님!

아름다운 여인을 만나 결혼을 할 수 있도록 인도하여 주시니 감사합니다. 새로운 출발이 두렵기도 하지만, 설레기도 합니다. 하나님께서 날마다 모든 상황 가운데 개입하여 주셔서 선하게 인도하여 주옵소서.

믿음으로 가정을 이끌 수 있도록 늘 깨어있는 남편이 되게 하여 주옵소서. 행복한 가정이 되려면 곧 거룩한 가정이 되어야 한다는 사실을 명심하며, 늘 거룩해지기를 힘쓰는 저 자신이 되게 하여 주옵소서. 부지런함과 성실함으로 가정을 인도하게 하시고, 가정과 일 가운데 균형을 이룰 수 있는 남편, 아버지가 되게 하여 주옵소서. 배우자에게 세상적인 기대를 하지 않도록 늘 말씀 가운데 깨어 있게 하시고, 서로의 모습을 있는 그대로 인정하게 하여 주옵소서. 서로 신뢰하고 순종하는 자세를 갖게 하여 주옵소서.

부모를 떠난 이후 부모를 의지하기 보다는 부모에게 덕이 되고, 효도할 수 있는 가정이 되게 하시고, 부모를 사랑하되, 부부의 관계와 가정에 먼저 충실하게 하여 주옵소서. 그래서 서로가 함께 양가 부모님에게 사랑과 효도를 줄 수 있도록 하여 주옵소서. 성령의 지배를 받는 가정이 되게 하시고, 영적인 리더십으로 가정을 이끌게 하여 주옵소서.

예수님 이름으로 기도합니다. 아멘.

16

잘 준비하기 위하여
기도합니다

남편 된 자들아 이와 같이 지식을 따라 너희 아내와 동거하고 저는 더 연약한 그릇이요
또 생명의 은혜를 유업으로 함께 받을 자로 알아 귀히 여기라 이는 너희 기도가 막히지
아니하게 하려 함이라 _베드로전서 3:7

말씀 묵상

행복하게 살기를 원한다면 한 몸 되는 신비를 알아야 한다. 갈비뼈를 취해서 만들어진 아내는 남편과 한 몸이다. 이렇게 생각하지 않고 '한 몸이 아니라 여자를 데리고 사는 것이다'라고 말하는 가정학자도 있다. 이 말도 일리가 있다. 이 땅에는 일생 동안 여자를 데리고 사는 남편들이 많이 있다. 아무개 집 딸을 데리고 일생을 사는 아저씨들이 많이 있다. 그러나 이것은 바람직하지 않다. 진정한 결혼은 내 속에서 나온 갈비뼈와 함께 사는 신비를 이룰 때 그 자리가

바로 에덴이 되는 것이다. 갈비뼈로 만들어진 한 인간과 함께 사는 것이 한 몸의 신비이기 때문이다. 그래서 아내의 눈물이 내 눈물이고, 아내의 탄식이 내 탄식이고, 아내의 괴로움이 내 괴로움이 되는 것이다. 또한 남편의 눈물이 내 눈물이요, 남편의 괴로움이 내 괴로움이 될 때 한 몸의 신비를 이루는 것이다. 사도 베드로는 이렇게 말한다.

"남편 된 자들아 이와 같이 지식을 따라 너희 아내와 동거하고 저는 더 연약한 그릇이요 또 생명의 은혜를 유업으로 함께 받을 자로 알아 귀히 여기라 이는 너희 기도가 막히지 아니하게 하려 함이라"(벧전 3:7)

결혼 묵상

과자 이름을 보면 주원료가 몇 퍼센트밖에 안 되지만 그 이름을 지키는 경우들이 있다. 새우깡 7%, 프랜치 파이 사과 과즙 9%, 딸기 4%, 양파링 22%, 매실 과즙 10%, 오징어 땅콩 버터구이 3.5%, 쿠키 땅콩 샌드 땅콩 6%이다. 이렇게 원료가 적게 들어갔지만 그 이름은 100%처럼 따라 다닌다. 그렇다고 항의하는 사람이 없다. 대부분 주원료는 소맥분 밀가루다. 그런데도 10%의 원료도 안 되는 것 가지고 과자의 이름을 바꾸고 버젓이 자기의 이름을 드러낸다.

우리 사회가 온전한 그리스도인 1%만 있어도 밝아질 것이다. 인도의 간디, 링컨, 슈바이처, 1%도 안 되는 사람이 세계를 바꾸었다. 그렇다면 남편이라는 이름 하나만 가져도 가정을 새롭게 바꿀 줄 알 아야 한다. 미물인 새우도, 오징어도 그 이름 값을 하고 산다. 그렇 다면 하나님의 백성인 남편도 이름 값을 하고 살아야 할 것이다.

힘없는 주원료 밀가루가 되겠는가? 힘 있는 새우가 되겠는가?

아담들이여! 남편이란 이름만 가지고는 안 된다. 남편은 아내를 사랑하고 주님을 사랑하는 가장인 제사장이 될 준비를 해야 한다. 결혼의 가장 큰 준비는 가정의 비전을 세우는 기둥 같은 주초돌의 사명을 다하는 것이다.

옛날 TV 연속극 〈사랑이 뭐길래〉를 기억할 것이다. 그 연속극에서 대발이 아버지는 여자를 멸시하는 태도와 유교적 전통에 빠져서 그 부인을 항상 경멸하는 대표적인 남자였다. "입 닥쳐, 이제 그만!" 아내가 독립적인 의견이나 생각을 제시하려 할 때도 말문을 막았다. 이런 태도가 결혼 생활에서 나오는 것은 남자들의 가부장적인 배경에서 나온 것이다. 어쩌면 무의식적일 수도 있겠지만 여자를 천시하는 양식이 그 삶의 밑바닥에 자리 잡고 있기 때문이다.

이 시대는 그런 시대가 아니다. 아내를 이해하면서 배려하고 아내의 말에 귀 기울일 줄 알아야 한다. 아내의 말뿐 아니라 아내의 감정도 받아주어야 한다. 아내의 생각이나 필요를 잘 알려면 자기의 독단적인 생각을 버릴 줄도 알아야 한다. 그리고 나서 아내의 필요를 채워주도록 노력해야 한다. 상대방이 하는 말에 귀를 기울이는 것은 바로 남편이 해야 할 일이다. 이것이 베드로가 제시하는 좋은 남편이 갖추어야 할 자격이다.

결혼의 목적

가장 좋은 배필은 섬기며 위로하며 용기를 줄 수 있는 자로 이는 하나님께서 만나게 하신다는 사실을 잊지 말자.

삶으로 떠나는 질문

아내(남편)를 이해할 수 있는 마음을 가지고 힘들 때 포용해 줄 수 있는 남편(아내)이 되자.

남편으로서 가져야 하는 다섯 가지의 비전.

하나, 처음 사랑이 변하지 않도록 훈련한다.

둘, 아내를 하인처럼 부리지 않는 따뜻한 남편이 된다.

셋, 아내의 허물을 넉넉히 덮어주는 큰 그릇이 된다.

넷, 항상 매력을 잃지 않도록 건강을 관리하고 삶의 계획을 세운다.

다섯, 아내의 성장과 자아실현을 위해 아낌없이 투자한다.

웨딩
큐티

신랑이 신부를 위한 기도

사랑과 은혜가 풍성하신 하나님 아버지!

우리를 죄로부터 구원해주셔서 감사를 드립니다. 구원해주신 것도 감사한데 이렇게 믿음 안에서 자매를 만나게 하시니 감사를 드립니다. 하나님께서 "사람이 혼자 사는 것이 좋지 아니하니 내가 그를 위하여 돕는 배필을 지으리라 하시니라"고 말씀하신 것처럼 저에게 "돕는 배필"을 허락해주셔서 감사드립니다. 믿음 안에서 서로를 만나게 해주심을 감사합니다. 지금까지 저희들 서로 다른 환경 가운데 자라왔습니다.

세상 사람들은 결혼을 하나의 이벤트처럼 생각하지만 저희들은 하나님께서 전해주신 결혼의 의미를 잘 깨닫고 결혼준비를 할 수 있도록 인도 해주시길 원합니다. 저는 한 번밖에 없는 결혼을 통해서 행복하게 살고 싶습니다. 그리고 나의 자매도 행복하게 해드리고 싶습니다. 그렇기 위해서 준비된 결혼을 통해서 한 몸 되어 서로 귀히 여길 수 있도록 인도해 주옵소서. 저는 이 기적인 인간입니다. 자신의 힘으로서는 자매를 사랑하고 섬길 수 없다는 것을 압니다. 주님의 사랑으로 자매를 사랑하고 잘 섬길 수 있도록 인도해주옵소서. 자매를 배려할 줄 아는 사람이 되게 해주시고 주님을 잘 섬기고 그 역할을 잘 강담할 수 있도록 축복해 주옵소서. 모든 것을 주님의 손에 맡깁니다. 예수님의 이름으로 기도드립니다. 아멘.

아름다운 신부되기 위해서
기도합니다 (1)

너희가 전에는 양과 같이 길을 잃었더니 이제는 너희 영혼의 목자와 감독 되신 이에게 돌아왔느니라 아내 된 자들아 이와 같이 자기 남편에게 순복하라 이는 혹 도를 순종치 않는 자라도 말로 말미암지 않고 그 아내의 행위로 말미암아 구원을 얻게 하려 함이니
_베드로전서 2:25~3:1

말씀 묵상

　결혼식을 할 때 보면 신랑이 먼저 입장하고 다음에 신부가 입장한다. 신부가 입장할 때 신부의 아버지가 신랑 앞에까지 신부를 데리고 와서 신랑에게 신부를 인계하고 아버지는 떠난다. 이것은 무엇을 의미하는가? '내 딸을 신랑에게 인계하오' 그런 의미가 아니다. '이제부터는 내 딸이 아니다. 네 신부다'라는 것이다. 신랑에게 인계하기 전까지는 아버지의 딸이었다. 그런데 이제는 아버지의 딸이 아

니라 내 갈비뼈 속에서 나온 사랑하는 여자로 알게 하는 것이다. 그래서 결혼식은 예식이 아니고 신앙고백이다.

아담의 갈비뼈를 취하여 하와를 만들어 데리고 와서 "아담아, 네 속에서 나온 여자다"라고 하나님께서 말할 때 아담은 믿었다. 이렇게 믿음으로 가정이 시작된 것이다. 이 행복을 위해서 서로 돕는 배필이 되어야 한다.

우리는 돕는 배필이라면 아내만을 생각한다. 그러나 돕는 배필은 아내만의 역할이 아니고 남편의 역할이기도 하다. 그래서 서로가 힘들 때 돕는 사람이 되어야 한다. 리어카를 끌 때 앞에서 끌고 뒤에서 미는 것처럼 부부의 관계도 이처럼 서로 끌어 주고 밀어주는 관계가 행복한 관계이다.

배우자가 성공할 수 있도록 돕는 10가지의 지혜를 소개한다.

첫째, 항상 긍정적이고 적극적인 말을 사용한다.

둘째, 가정을 참된 휴식이 있는 쉼터로 가꾼다.

셋째, 배우자의 장점뿐만 아니라 단점까지 존중한다.

넷째, 자녀나 다른 사람들 앞에서 배우자를 높여준다.

다섯째, 배우자의 외모와 옷차림에 신경을 써준다.

여섯째, 배우자에게 돈타령을 하지 않는다.

일곱째, 배우자가 사소한 일로 걱정하지 않게 배려한다.

여덟째, 배우자를 철썩같이 믿고 있다고 말해준다.

아홉째, 배우자의 취미활동과 사회활동에 관심을 갖는다.

열째, 배우자를 위해 기도하는 사람이 된다.

결혼 묵상

알렉산더 대제 휘하에 알렉산더라는 졸병이 있었다. 형편없는 그의 생활로 말미암아 알렉산더라는 이름이 땅에 떨어지고 있었다. 이 소식을 들은 알렉산더 대왕이 어느 날 예고 없이 졸병의 막사를 방문했다. 겁에 질려 경례를 하고 있는 졸병 알렉산더에게 "네가 알렉산더라지?"

"네."

"내가 두 가지를 명령한다. 네 이름을 바꾸어라. 바꾸기 싫거든 네 삶을 바꾸어라! 그래서 그 이름의 오욕을 씻어라."라고 말했다.

신랑과 신부가 결혼을 하는 순간 옛 생각을 버리고 새 사람이 되어야 한다. 그렇지 않으면 새 가정에 묵은 누룩 때문에 많은 상처를 주고 만다.

하나님께서 여성에게 결혼에 관한 말씀을 주신 곳은 베드로전서 3장 1-6절이다. 이 말씀이야말로 한 여성이 그리스도인 아내가 되는데 가장 적합한 네 가지 기본적인 자세를 잘 요약해 주고 있다.

"아내된 자들아 이와 같이 자기 남편에게 순복하라 이는 혹 도를 순종치 않는 자라도 말로 말미암지 않고 그 아내의 행위로 말미암아 구원을 얻게 하려 함이니 너희의 두려워하며 정결한 행위를 봄이라 너희 단장은 머리를 꾸미고 금을 차고 아름다운 옷을 입는 외모로 하지 말고 오직 마음에 숨은 사람을 온유하고 안정한 심령의 썩지 아니할 것으로 하라 이는 하나님 앞에 값진 것이니라 전에 하나님께 소망을 두었던 거룩한 부녀들도 이와 같이 자기 남편에게 순복함으로 자기를 단장하였나니."

여기서 사도 베드로는 신부들에게 말하기를 이기주의는 먼저 버리라고 한다.

결혼의 목적

서로를 위한 경계를 버리고 서로의 섬김을 위해서 살아가야 한다.

삶으로 떠나는 질문

남편을 위해서(아내를 위해서) 고쳐야 할 점은 무엇인지를 발견하고 가장 좋은 친구로서 살아가야 할 마음을 준비하여야 한다.

웨딩
큐티

신랑이 신부를 위한 기도

 사랑과 은혜가 풍성하신 하나님 아버지.

 항상 하나님의 풍성하신 은혜 가운데 기쁨으로 거하게 하시니 참으로 감사합니다. 저희들 지금까지 살아온 모습이 다르고, 환경이 다르기에 의견차이가 많겠지만 하나님이 나의 위로 자가 되어 주시어서 기쁨을 잃어버리지 않는 삶을 살게 하여 주옵소서.

 하나님 아버지!

 이제 며칠 남지 않은 결혼의 준비 과정 가운데 경제적인 어려움으로 인하여 좋은 것들로 욕심껏 준비하지는 못했지만 하나씩 채워갈 수 있게 해 주시고, 이 모든 것이 감사요 기쁨으로 다가오게 해 주시고, 혹시라도 준비의 과정 가운데 부모님과 소원해졌던 부분이 있다면 풀어주시고 딸을 떠나보내는 그 마음의 빈자리에 위로를 베풀어 주옵소서. 그리고 시부모님과 친정 부모님 모두에게 사랑받는 예쁜 며느리, 딸이 되도록 도와주옵소서.

 이제 정말 결혼이 며칠 남지 않았습니다. 아직 준비할 것도 많이 남았고, 못한 것도 많은데 시간은 점점 빠르게 다가옵니다. 결혼 예식을 통해서 서약하는 순간부터 주님 품에 안기는 그 순간까지 하나님을 믿고 의지함으로 풍성한 삶을 살아가게 해 주시옵소서.

 거룩하신 예수님 이름으로 기도드립니다. 아멘.

18

아름다운 신부되기 위해서
기도합니다 (2)

백성이 모세가 산에서 내려옴이 더딤을 보고 모여 아론에게 이르러 가로되 일어나라 우리를 인도할 신을 우리를 위하여 만들라 이 모세 곧 우리를 애굽 땅에서 인도하여 낸 사람은 어찌 되었는지 알지 못함이니라 …… 아론이 보고 그 앞에 단을 쌓고 이에 공포하여 가로되 내일은 여호와의 절일이니라 **_출애굽기 32:1-5**

말씀 묵상

현대 여성들이 특별히 좋아하는 남성상은 돈키호테이다. 그 이유는 "돈" 돈 많고, "키" 키가 크고, "호" 호남 형으로 생겼고, "테" 테크닉까지 갖추었기 때문이다. 이런 사람은 아마 남편감으로서는 최고일 것이다. 그렇지만 모든 것을 갖춘 사람은 많지 않기 때문에 빚어지는 문제가 경제적인 문제이다.

많은 가정에서 수입이 적어서 문제가 되는 경우도 있지만 대부분은 벌어들인 돈을 어떻게 쓰느냐에 따라서 부부 사이가 냉전으로 치 닫는 경우가 많다. 남편이 돈을 벌었다고 해서 남편 마음대로 돈을 다 쓸 수 없다. 또한 부인이 돈을 번다고 해서 슬쩍 얼마쯤 감춰 놓 을 수 있을까? 이런 문제 때문에 논쟁이 붙으면 네 돈, 내 돈으로 휘 말리고 만다. 그래서 돈 문제는 솔직하게 말하면서 함께 의논해야 한다. 들어온 수입을 두 부부가 다 알아야 하며 이 문제를 서로 숨기 려고 하지 말아야 한다. 은행 구좌는 별도로 쓸 수 있겠지만 서로가 확인되지 않은 돈이 숨어 있으면 안 된다. 수입액도 부부가 알고 있 어야 하고 지출할 때도 서로가 함께 의논해야 한다. 서로 의논 없이 지출한 돈을 후에 알게 되었을 때 서로간의 불신이 생기기 때문이 다. 또한 지출 계획을 함께 짜야 한다. 어느 곳에 먼저 쓰고 어떤 것 은 이번에 지출하지 않고 다음으로 미루느냐 하는 문제를 함께 의논 해야 한다. 이때 의논하는 과정에서 서로의 의견을 존중하고 인정하 는 자세가 필요하다.

결혼 묵상

가정에 있어서 부부가 관심을 갖고 있는 것은 경제생활이다. 이 러한 관심거리에 대해서는 중요한 10가지 원리들을 적용하자.

첫째는 하나님의 영광을 위해서 사용하여야 한다.

"너희는 먹든지 마시든지 모든 것을 하나님의 영광을 위해서만 하라"(고전 10:31).

둘째로 하나님이 우리의 필요를 반드시 채워주신다.
그리스도인들이 경제생활을 대할 때 주께서 우리에게 필요한 것은 반드시 공급하신다는 흔들림이 없는 믿음과 이해가 요청되고 있다. 공급하시는 하나님을 믿어라.

셋째는 경제생활을 통해서 하나님의 뜻을 알게 한다.
우리가 인생에서 어떤 일을 하든지 돈이 수반되지 않는 일이란 없다. 그때 그것이 나에게 참 필요하다면 하나님께서 물질을 공급함으로써 그 일이 하나님께 합당하다는 것을 우리에게 가르쳐주시는 것을 알 수 있다. 하나님의 뜻을 우리로 하여금 알게 하신다.

넷째로 복음 전파에 사용하길 원하신다.
주께서는 무엇보다도 물질이 예수 그리스도의 영광된 복음 전파에 사용되기를 원하신다는 것이다.

다섯째로 구제를 위해서 쓰여지기를 요구하신다.

여섯째로 규칙적인 드림을 통해서 하나님의 소유권을 확인하라.

우리가 규칙적인 헌금을 드린다는 것이 왜 중요한가? 기분 내키는 대로 하는 게 아니라 규칙적으로 하는 게 중요하다. 모든 물질은 주님께로부터 왔기 때문에 다시 주님 앞에 드립니다는 믿음으로 규칙적인 드림을 통해서 우리는 하나님의 소유권을 지속적으로 확인하기 때문이다(대표적인 것이 십일조이다).

일곱째로 탐욕과 채무를 경계하라.

욕심내는 것을 주님이 얼마나 싫어하시는가? 그리고 빚지고 사는 삶을 성경이 얼마나 철저하게 거부하는가? 어떤 유형의 환경에서든지 빚을 진다든가 욕심을 부리는 것은 결코 하나님의 뜻일 수가 없다. 탐욕과 채무를 경계하라.

여덟 번째로 자족하라.

경제생활에서 계속적으로 강조하는 또 하나의 원리는 자족하라는 것이다. 본래 우리는 가지고 온 것이 없기 때문에 떠날 때에도 아무것도 가지고 가지 못한다. 이 사실을 알고 지금 나에게 처한 환경이 최선의 환경이란 것을 믿고 자족할 수 있는가? 나는 바울 사도처럼 부함에도 가난함에도 풍부와 배고픔에도 일체의 환경에 대처하는 자족의 원리를 배웠는가? 성경에서 강조하는 중요한 원리 가운데 하나가 자족이다.

아홉 번째는 기도로 성령의 인도하심을 구하라.

계속해서 이 물질을 어떤 일에 쓰는 것이 하나님의 뜻에 합당한 것인가를 묻기 위해서는 기도가 필요하다. 기도를 통해서 성령의 인도를 지속적으로 구하고 주께서 우리에게 맡겨주신 물질에 대해서 선한 청지기가 되어야 한다.

열 번째 선한 청지기가 되라.

물질을 하나님의 영광을 위해서 써라. 하나님은 반드시 공급하신다. 내가 하나님 앞에 신실한 자리에 서 있을 때 하나님은 반드시 나의 필요를 공급하신다. 그리고 이 경제적 공급을 통해서 하나님의 뜻이 무엇인가를 주께서 나에게 알게 하신다. 복음 전파에 사용되

기를 원하신다. 구제를 위해 쓰이기를 원하신다. 규칙적인 드림을 통해서 하나님의 소유임을 확인하시기를 원하신다. 탐욕과 채무를 경계하라, 자족하라, 기도로 성령의 인도하심을 구하라, 선한 청지기가 되라.

결혼의 목적

자족하면서 그리스도 예수 안에서 풍성하신 그 비밀을 알고 그 안에서 오늘의 양식을 가지고 겸손하게 살아야 한다.

삶으로 떠나는 질문

가정은 가진 것 때문에 이루어진 것이 아니라, 예수 그리스도 때문에 이루어진 것을 알고 서로가 서로에게 청지기 정신으로 노력하고 살아야 한다.

웨딩
큐티

신랑이 신부를 위한 기도

사랑의 주님!

저희들의 결혼을 위해 간절히 기도드립니다. 하나님의 은혜 안에서 만나게 하시고 교제하게 하시다가 결혼을 하려고 합니다. 저희들이 결혼을 앞두고 말씀을 묵상하면서 서로가 서로를 위해서 기도하게 하시고 결혼을 준비하게 하시니 감사를 드립니다. 우리의 결혼이 잘 준비 되어서 모든 행동과 말과 마음의 묵상이 주님 앞에 열납 되기를 소원합니다. 또한 저희들의 결혼이 한 순간의 화려한 예식으로 끝나는 것이 아니라 주님께서 세우신 성스럽고 아름다운 제도권 안에 들어감으로 새 사람이 됨을 바로 알게 하셔서 더 이상 홀로 있는 것이 아니라 주님께서 세워 주신 사람과 함께 하는 것임을 바로 알게 하여 주옵소서.

저희들 서로가 너무나 다른 환경에서 자라왔습니다. 이것이 걸림돌이 되지 않게 하시고, 다름이 다름으로 다가오게 하시고 그것이 틀렸다고 서로에게 상처 주는 일이 없도록 인도하여 주옵소서. 남자에게 허락된 넓은 가슴으로 여자를 껴안고 어루만지고 이해하게 하시고 또한 그런 하나님이 원하시는 남자로 세워주옵소서.

거룩하신 예수님의 이름으로 기도합니다. 아멘.

믿음의 사람이 되도록
기도합니다

이 모든 일에 전심 전력하여 너의 진보를 모든 사람에게 나타나게 하라 네가 네 자신과
가르침을 삼가 이 일을 계속하라 이것을 행함으로 네 자신과 네게 듣는 자를 구원하리라
_디모데전서 4:15-16

말씀 묵상

　서로 다른 남녀가 만나 결혼한 후 진정한 한 몸이 되기 위해서는
두 사람의 노력과 온갖 고통을 참는 인내와 사랑이 필요하다. 이때
결혼을 남자와 여자가 하나님과 맺은 언약이라고 확신할 때 결혼에
성공할 수 있게 된다. 그렇지만 결혼이 하나님과는 관계없이 단지
남자와 여자 두 사람이 자신의 이익을 위해 맺어진 계약으로만 생각
하는 많은 사람들은 그 뜨거운 인생의 고통을 이겨내지 못하고 결국
실패하게 된다. 그래서 결혼을 소금 자루에 비유한 사람도 있다. 즉

신랑과 신부 두 사람이 각각의 소금 자루를 갖고 결혼한다. 이때 자루 속에 든 소금은 두 사람의 과거와 현재와 미래의 모든 것을 의미한다. 그런데 결혼을 하게 되면 두 사람이 하나의 큰 자루 속에 자신의 작은 자루 속에 든 소금을 다 쏟아 붓는다. 더 이상 두 사람의 자루는 존재하지 않기 때문이다.

두 자루 속의 소금이 섞여져 하나의 큰 자루만이 존재할 뿐이기 때문이다. 이때 큰 자루 속에 섞여 있는 소금을 다시 꺼내어 신랑 소금과 신부 소금으로 나눌 수 있는 방법은 전혀 없기 때문이다. 이것이 바로 하나님이 지으신 결혼의 본질이다. 따라서 결혼을 두 사람 사이의 계약이 아닌, 하나님과 맺은 언약으로 받아들여야 한다. 그래야만 그 결혼이 영원히 지속될 수 있다. 마치 으깨어져서 하나가 된 감자처럼, 또한 하나로 섞여버린 한 자루 속의 소금처럼 될 때 거기서 맛을 낼 수가 있기 때문이다.

결혼 묵상

계획 세우는 일이 우리에게 주는 유익은 대단히 많다. 계획이 있으면, 좋은 결과를 얻고 만족감을 갖게 된다. 그리고 짜증과 두려움을 예방할 수 있다. 정신적인 건강에도 도움이 된다. 그리고 자신이 의도했던 바를 얼마나 달성했는지를 알게 된다. 동양인들은 비합리적인 사고방식을 가지고 있어서 계획성이 부족하다고들 한다. 특히

여성들은 깊이 생각하기를 싫어하며, 현실에 안주하려는 습성 때문에 계획 세우는 일을 매우 어렵게 생각한다.

어떤 초등학교 선생님이 〈흥부와 놀부〉의 이야기를 들려주고, 어떤 사람이 되고 싶으냐고 학생들에게 설문조사를 해보았다. 그런데 놀랍게도 놀부라고 대답한 학생이 3분의 1가량이나 되었다고 한다. 노예근성에 젖어 주먹구구식으로 대충 살아서는 남는 게 없다는 생각에서이다. 우리가 하루하루를 귀중하게 느낀다면, 신랑과 신부가 서로 가정 경제의 계획을 세우는 데 시간과 노력을 쏟아야 한다.

계획을 세우려 할 때 이렇게 하라

1. 기도하라.
2. 목표를 세워라.
3. 목표 성취를 위한 단기 계획을 세워라.
4. 프로그램을 형성하라.
5. 시간 계획을 세우라.
6. 예산을 편성하라.
7. 착수하라.

8. 도우심을 위해 기도하라.

9. 하나님을 의지하라.

10. 계획한 대로 추진하라.

11. 결과는 하나님께 맡기라.

12. 결과를 평가하고 검토하라.

결혼의 목적

우리의 마음에 족함을 위해서 재물을 얻지 말고 필요를 따라서 재물을 얻도록 바른 태도를 가지고 살아야 한다.

삶으로 떠나는 질문

생각 없이 재물을 모으려 하지 말고 왜 재물을 모으는지를 알고 그에 맞는 삶의 지혜를 가져야 한다.

웨딩
큐티

신랑이 신부를 위한 기도

사랑으로 역사하시는 하나님!

우리가 결혼을 할 수 있도록 인도하여 주심을 감사드립니다. 하나님의 계획이 있어서 아름다운 자매를 만나게 하시고 서로 기도하는 중에 결혼식 날짜를 잡고 서로 하나님의 말씀을 묵상하며 기도하고 있습니다. 사랑하는 자매를 통해서 주님이 뜻하시는 계획을 알고 서로 강권하여서 하나님을 기쁘시게 하는 생활이 되게 하여 주옵소서.

자매와 제가 주님의 뜻을 알아가기 위해서 함께 기도하고 나갈 때 우리 가정이 주님이 원하시는 방향을 선택할 수 있도록 늘 성령 하나님 함께 하여 주옵소서. 우리 부부에게 늘 목표가 뚜렷하게 하여 주셔서 저는 남편으로서 역할과 목표를 온전히 세우고 아내는 아내로서의 계획과 목표가 뚜렷해서 가정의 일과 개인적인 일들 모두가 목적이 있어서 그것을 하나하나 온전히 이루어 갈 수 있도록 주님께서 인도하여 주옵소서.

사랑하는 자매가 결혼 이후에 가정의 일들을 해 나갈 때 계획을 잘 세울 수 있도록 해주시고, 시간을 잘 배분하는 지혜와, 거기에 맞는 예산도 잘 편성할 수 있도록 주님께서 지혜를 주시길 간절히 바랍니다. 그리고 기도하고 주신 일들은 여호수아와 갈렙의 마음처럼 추진해 나가는 담대함도 허락하여 주옵소서. 믿음으로 시작하는 열정이 있게 하여 주시고, 더욱더 하나님의 가정의 면모를 갖추어 가는 은혜가 있도록 주님께서 함께 하여 주옵소서. 우리를 주님의 뜻 가운데로 인도하시는 예수 그리스도의 이름으로 기도합니다. 아멘.

차이를 극복하기 위해서
기도합니다

내가 사람의 방언과 천사의 말을 할지라도 사랑이 없으면 소리나는 구리와 울리는 꽹과
리가 되고 ……. 그런즉 믿음, 소망, 사랑 이 세 가지는 항상 있을 것인데 그 중에 제일은
사랑이라. _고린도전서 13:1-13

말씀 묵상

혼다 켄이라는 사람이 쓴 책 가운데 『부자가 되려면 부자에게 점
심을 사라』는 책이 있다. 그는 일본에서 연간 세금 1000만 엔 이상
의 납부자 1만 2천명을 대상으로 설문지를 보내고 그중 약 1천명을
직접 인터뷰하여 부자의 의식세계를 연구하여 발표하였다. 그는 이
연구의 객관성을 확보하기 위하여 이들과 비교가 되는 평범한 사람
들 2천명을 다시 인터뷰하여 무엇이 부자의 인생을 평범한 사람과
다르게 만드는가를 비교하였다. 이 책에 관심은 가정생활에 있었다.

결혼 생활이 행복한 사람에게 범사에 일이 잘 되기 때문이다.

고린도전서 13장은 너무도 유명한 '사랑장'이다. 사도 바울은 고린도 교회 성도들을 향해서 사랑의 중요성(1-3절)을 열 다섯 가지로 조목조목(4-8절) 설명해 주고 있다. 그는 사랑의 영원성(8절)을 노래하고 사랑의 온전성(9-10절), 사랑의 성숙성(11-12절)에 대해서 말씀하고 있다. 서로 사랑하기 때문에 참을 수 있고, 사랑하기 때문에 보람이 있고, 사랑하기 때문에 승리할 수 있는 길을 가르쳐 준다. 여기서 사랑은 동사로서 분명하게 사랑이 무엇을 해야 하는지를 가르쳐 주고 있다. 그러면서 결론적으로 "그런즉 믿음, 소망, 사랑, 이 세 가지는 항상 있을 것인데 그 중에 제일은 사랑이라"(고전 13:13)라고 말씀을 맺는다.

우리가 살아가면서 믿음, 소망, 사랑, 이 세 가지는 반드시 있어야 한다. 특별히 결혼을 앞두고 있는 신랑과 신부에게 반드시 아가페적인 즉 희생적인 사랑이 있어야 한다.

결혼 묵상

존 그레이(John Gray)는 남녀의 차이에 대해서 이렇게 말한다.

첫째로, 남자의 가치관은 목표 지향적이고, 여자는 관계 중심적이다.

남자는 목적을 달성하는 것으로 존재의 의미를 찾는다. 문제가 생기면 혼자서 해결하려고 하며 청하지도 않은 문제에 도움을 주면 자신이 무능하다는 것을 인정하는 것으로 생각하여 좀처럼 자신의 문제를 노출하지 않으려 한다. 한편 여자는 자기의 느낌이나 감정을 나누는 일에 만족함으로 함께 이야기를 나누고 느끼는 것이 중요하다. 문제를 가지고 오면 조언과 충고를 하는 것이 사랑과 관심을 표현하는 것이라 생각한다.

둘째, 남자는 문제가 생기면 혼자서 고민하고 여자는 솔직히 터놓기를 원한다. 남자는 혼자서 한 가지 일에 몰두하면 다른 사람의 이야기가 잘 들리지 않는다. 여자는 문제의 해결책을 찾는 것이 중요한 것이 아니라 자신의 감정을 표현하여 이해 받음으로 위안을 얻고자 한다.

셋째, 남자는 상대가 자신을 필요로 한다고 느낄 때에 사랑이 생기고 여자는 사랑하는 사람으로부터 보호를 받고 있다고 느낄 때에 사랑이 생긴다.

여자들은 남자에게 받은 것보다 주는 것이 더 많다고 피곤해 하면서 행복하지 못한 것은 남자 때문이라고 생각을 한다.

넷째, 남자는 말의 표현이 사실적이고 여자는 은유와 수사를 사용한다.

여자들은 자기를 표현하기 위해 시인이라도 된 양 각양각색의 과장과 은유, 막연한 표현을 총동원해서 사용한다.

다섯째, 남자의 감정은 고무줄과 같고 여자의 감정은 파도와 같다.

남자는 한 여자를 사랑하고 있을 때라도 멀어지고자 하는 충동을 느낄 수가 있다. 이러한 행동은 독립과 자율에 대한 욕구를 충족시키려는 것으로 충분한 거리까지 떨어지고 난 다음 다시 돌아오려고 한다. 여자의 자부심도 파도와 같이 깊숙이 내려갔다가 다시 올라오게 된다. 그 때가 바로 감정의 대 청소 시간인 것이다.

상대가 나로 인하여 거부감이나 충돌을 나타낸다면 그것은 필시 접근 방법의 문제나 아니면 타이밍에 문제가 있는 것이다. 비록 상

대방이 실수하더라도 그리스도께서 우리를 위해 무조건 용서해주심을 감사하고 상대방을 용서해 주고 사랑으로 하나가 되도록 노력해야 한다. "모든 겸손과 온유로 하고 오래 참음으로 사랑 가운데서 서로 용납하고"(엡 4:2)라고 성경은 말씀하고 있다.

결혼의 목적

하나님께서 남자와 여자를 서로 다르게 만들었기 때문에 서로 조화를 이루어서 균형 있는 삶을 살게 하신 것을 잊지 말자.

삶으로 떠나는 질문

남자는 흙으로 만들었고 여자는 갈비뼈로 만들었다. 그러므로 서로의 성격의 차이, 환경의 차이, 가치관이 차이를 인정하면서 존중하는 삶을 살아야 한다. 그리고 있는 그대로 수용하자.

> **웨딩 큐티**
>
> ....
> ....
> ....
> ....
> ....

신랑이 신부를 위한 기도

오늘 하루도 하나님의 은혜가 충만한 시간이 될 수 있도록 인도하여 주시니 감사를 드립니다. 사랑하는 자매를 만나게 하시고 교제하게 하심을 감사합니다. 이제 주님 안에서 결혼을 하여 한 가정을 이루는 시간도 다가왔습니다. 남은 기간 동안 주님이 주시는 은혜를 나누게 하시고 남은 일정동안 모든 준비가 문제없이 진행될 수 있도록 인도하여 주옵소서.

하나님! 이 부족한 제가 이제 내 뜻대로 살지 않고 하나님 안에서 정말 자매를 사랑하고 그녀를 위해 희생하는 삶을 살게 하여 주옵소서. 예수님께서 우리를 사랑하셔서 자기의 몸을 우리에게 주신 것처럼, 저도 자매를 사랑하기에 아끼는 마음이 많아지게 하여 주옵소서.

힘들더라도 사랑하는 마음으로 자매를 받아들일 수 있게 하여 주시고 앞으로 우리가 가정을 이룰 때 주님이 주시는 사랑으로 늘 화목하게 하시고 서로를 위해 희생하는 가정이 되게 하여주옵소서.

우리가 주님 안에서 하나님의 뜻을 찾고 의의 길로 가기를 원합니다. 비록 그 길에 힘든 일과 어려움이 있어도 서로 원망하지 않고 서로 신뢰하면서 든든히 굳게 서게하여 주옵소서. 우리 서로에게 힘든 일이 있을 때 다툼이 생기지 않게 하시고 오직 사랑으로 희생하게 해 주옵소서.

살아계신 예수님의 이름으로 기도합니다. 아멘!

제3부

행복의 기도
이렇게 합니다

21

서로 일치되기 위해서 기도합니다

아내들아 남편에게 복종하라 이는 주 안에서 마땅하니라 남편들아 아내를 사랑하며 괴롭게 하지 말라 _골로새서 3:18-19

말씀 묵상

에덴동산에서 시작된 아담과 하와의 가정생활은 행복하기만 했다. 그러나 죄가 그 가정에 들어옴으로 실패하고 말았다. 데이비드 매이스는 『성공적인 결혼(Success in Marriage)』이라는 책에서 부부생활을 무너뜨리는 곤란한 문제와 장애물을 다루면서 다음 몇 가지를 지적하였다. 첫째는 잔소리하는 아내와 말 없는 남편. 둘째는 지나친 아내의 질투와 성실하지 못한 남편. 셋째는 쫓기는 바쁜 생활이라고 말했다. 바울은 에베소서에서 부부관계를 그리스도와 교회와의 관계에 비유하면서 남편은 아내를 사랑하고 아내는 남편에게 복종할 것을 권면했다. 복종하는 것을 구체적으로 이렇게 말한다.

1. 서로 격려하고 칭찬하며 인정해 주는 것이다.

남편을 왕같이 높여주고 섬기면 아내는 여왕처럼 대접을 받는다. 그러나 남편을 거지처럼 대하면 아내는 거지처럼 천대를 받는다. 이것은 남편이 아내를 대하는 태도이다. 아내를 여왕처럼 높여주면 남편도 임금처럼 존경을 받는다.

2. 섬겨주는 것이다.

사도 요한은 섬김을 말로만 하지 말고 진실함과 행함으로 하라고 권면한다. 참된 섬김은 배우자가 원하는 것을 해주는 것이다.

3. 마음을 담은 선물을 나누는 것이다.

비싼 것만이 반드시 좋은 선물은 아니다. 오히려 상대에게 부담감을 줄 때 있다. 비록 장미 한 송이라 할지라도 기쁜 마음으로 전해 준다면 좋은 선물이 될 것이다.

4. 접촉하는 것이다.

자녀들을 어루만져 주고 아내를 어루만져 주는 것이 대단히 중요

하다. 서로 만져(Touching) 주고 허깅(hugging)해 주는 일은 대단히 중요하다. 이 만짐을 통해서 서로의 사랑을 확인하고 가족의 관계를 더욱 아름답게 유지하고 결속시켜 갈 수 있는 것이다.

5. 함께 시간을 보내는 것이 사랑이다.

하나님과 대화하는 것이 기도이다. 부부 간에도 대화가 있어야 하고 함께 있는 시간이 필요하다. 함께 시간을 갖고 대화하므로 사랑의 관계가 더욱 확인되고 결속되어진다.

결혼 묵상

20대 후반의 한 신혼부부에게 있었던 이야기다. 신혼여행에서 돌아온 날 이들은 처가에서 하루를 지내게 되었다. 그 다음날 아침, 신부는 도저히 침대 위에 오래 누워 있을 수가 없었다. 결혼 전에 아침마다 식구들과 모여 앉아 이야기꽃을 피우는 것을 좋아했던 그 습관대로 빨리 식구들이 보고 싶었기 때문이다. 그래서 서둘러 아래층으로 내려갔다. 식구들이 다 모였는데도 남편이 내려오지 않자 조바심이 난 이 신부가 2층 방으로 뛰어올라가더니 숨을 가쁘게 몰아쉬며 남편에게 말한다. "다들 모여 식사를 하는데 당신은 우리와 같이 있는 것이 싫은가 봐요? 당신이 어울리지 않으니 내 입장이 얼마나 난처한지 아세요?" 그러나 남편은 아내가 왜 화를 내는지 알지 못했다. "아니 내가 뭘 잘못했기에? 난 그저 과거 집에서 하던 대로 휴일이기에 잠을 좀 더 잔 것뿐인데, 금방 샤워하고 내려갈게."

결국 두 사람은 자그마한 충돌 때문에 마음이 상했다. 서로에게 첫날부터 실망한 것이다.

그 다음날 신혼집으로 돌아오자 처가에서의 나빴던 기억을 서로 지우려고 애쓰면서 짐정리를 하기 시작했다. 그런데 또 문제가 생긴 것이다. "이 책상을 어디에다 놓을까?" 하고 남편이 묻는다. 그러자 아내는 "글쎄요. 어디가 좋을까요?"라고 되묻는다. "자, 어디 놓으라고 말만 해줘." 남편이 조금은 신경질적으로 말한다. 나중에는 자기들이 왜 싸우는지도 모른 채 또 한바탕 전쟁을 치렀다. 서로의 생활 속에 형성되어 있는 또 다른 습관을 몰랐기 때문이다. 이 남편은 과거 자기 아버지가 사업 때문에 늘 바빠서 집안일은 전혀 하지 않았던 모습을 보고 자랐기 때문이다. 그래서 집안일은 어머니가 다했기 때문에 아버지는 늘 어머니의 의견을 따랐고 반면에 아내는 아버지가 모든 집안일을 꼼꼼히 챙기고 어머니는 아버지의 지시대로 따르기만 하는 부모 밑에서 자라면서 어머니의 습관을 그대로 이어받은 것이다. 그래서 이들 부부는 상대방이 어떤 결정을 해주기만을 서로 바라고 있다가 아무도 그 역할을 하지 않는 것을 보면서 서로 화부터 냈던 것이다. 이처럼 사람마다 갖고 있는 무의식적인 습관과 불문율을 이해하고 배려하는 지혜, 이것이 결혼에 대한 기대에 앞서 갖추어야 할 부부의 미덕일 것이다.

결혼의 목적

영성과 찬양과 기도가 넘치는 가정이 되기 위해서 부부가 서로를 위해서 한 목적을 가지고 노력하는 삶을 살아야 한다.

삶으로 떠나는 질문

목적이 이끄는 가정이 되기 위해서 가정을 이루는 목적과 가치를 통해서 가정의 사명 선언문을 만들고 그대로 실천해 보자.

웨딩
큐티

신랑이 신부를 위한 기도

천지 만물을 말씀으로 지으신 창조주 하나님 아버지 감사합니다.

하나님의 놀라운 은혜와 섭리 가운데 이렇게 아름다운 세상을 허락하심을 진심으로 감사합니다. 또한 일평생을 함께 주님을 섬기고, 주의 뜻을 이루어 나갈 아름다운 배우자를 만나게 하심을 감사합니다.

저희들이 자라온 환경도 다르고, 성격도 다르고, 가치관도 다른데, 무엇보다도 중요한 신앙 안에서 믿음의 가정을 아름답게 세우는 이 일에 함께 시간을 헌신하고, 함께 말씀을 나누고, 함께 기도할 수 있는 시간을 허락하심을 진심으로 감사합니다.

사랑의 주님! 오늘 말씀을 통해서 "아내들아 남편에게 복종하라 이는 주 안에서 마땅하니라. 남편들아 아내를 사랑하며 괴롭게 하지 말라"를 통해 은혜 주심을 감사합니다. 이 말씀대로 우리가 서로를 세워주게 하시고, 자매는 저를 한 가정의 가장으로 여겨 존중하고 그리스도 안에서 복종하게 하시고, 저는 자매를 그리스도께서 교회를 사랑하심 같이 뜨겁고, 헌신적으로 사랑할 수 있게 하옵소서. 서로의 허물을 찾고 비판하기보다, 좋은 점을 발견하여 서로 칭찬하고, 세워주게 하시고, 대접받기만을 바라지 말고 서로서로 섬기는 가정이 되게 하옵소서. 때론 우리 가정 가운데 힘들고 어려운 일이 닥쳐올 때도 있겠지만, 서로가 함께 손을 꼭 잡고, 환난 가운데서도 우리 가정을 붙잡고 계시는 신실하신 하나님을 믿음의 눈으로 바라보고, 어떤 어려움도 사랑으로 극복하는 믿음의 가정이 되게 축복하여 주옵소서.

우리 주 예수 그리스도의 이름으로 기도 드립니다. 아멘.

22

신앙이 하나 되기 위해서
기도합니다

그가 혹은 사도로, 혹은 선지자로, 혹은 복음 전하는 자로, 혹은 목사와 교사로 주셨으니 이는 성도를 온전케 하며 봉사의 일을 하게 하며 그리스도의 몸을 세우려 하심이라 _에베소서 4:11-12

말씀 묵상

많은 사람들은 신앙생활을 교사, 성가대, 구역장, 심방대원 등 교회와 관계된 일에만 국한시키는 경우가 많다. 이런 이들의 관심의 대상은 오직 교회 안이며 교회 생활과 세상 생활을 이분화한다. 그러나 이 두 생활 사이에는 큰 차이가 있기 때문에 교회와 집이나 직장에서 하는 말이나 행동이 다르다.

신앙생활과 교회 생활이 다른 것은 아니다. 교회 생활은 신앙생활의 한 부분이다. 예수를 믿는 사람에게 사회생활이 따로 구분되는 것이 아니다. 모든 삶이 다 신앙생활이다. 성도는 24시간이 신앙생활이 되어야 하며 가정생활 역시 곧 신앙생활이 되어야 한다. 그리고 직장 생활이 신앙생활이 되어야 하며 일상생활 또한 신앙생활이 되어야 한다. 우리는 빛이요, 소금이어야 한다. 예수님은 우리에게 세상의 빛과 소금 될 것을 부탁하셨다. 신앙생활과 가정생활, 일상생활을 구분하지 말자. 이것은 사단이 나누어 놓은 것이다. 그리스도인에게는 모든 영역이 신앙생활에 속한다.

우리가 하나님 뜻을 세 가지로 이해할 수 있다. "절대적인 것", "상대적인 것", "결과적인 것"이다.

이 절대적인 하나님의 뜻에 대해서는 순종하고 신뢰하는 길밖에 없다. 상대적인 것에 관해서는 우리가 어떤 기대를 하고 작정을 하고 주님 앞에 순종하는가에 대한 태도가 필요하다. 주께서 정하신 명령을 따라서 나타내시기를 원하시는 하나님의 뜻에 관해서는 우리가 순종하고 계획하고 노력하면서 심어야 거둘 수 있기 때문이다. 하나님의 뜻 안에서 살기 위해서는 10가지의 범위 안에서 다스림을 받아야 한다.

1. 성령의 지배를 받으라. 2. 기도하라. 3. 먼저 구할 것 즉 우선순위를 정하라. 4. 지혜를 구하라. 5. 정보와 사실의 수집에 정확하라. 6. 성경을 읽으라. 7. 교제를 통하여 자문을 구하라. 8. 성령님의 인도를 구하라. 9. 마음에 평안이 있는가를 성찰하라. 10. 환경을 주시하라.

결혼 묵상

어떤 부부의 이야기이다. 지난 15년 동안의 그들 부부의 결혼 생활은 마치 탁구공을 치는 것과 같았다고 한다. 남편이 분노라는 공을 치면 아내 역시 그 분노의 공을 받아치고 아내가 비난이라는 공을 치면 남편도 그 공을 받아치면서 서로 공격하고 방어하는 삶을 살아왔다는 것이다. 그렇게 된 이유는 서로 상대 배우자에 대한 기대감이 무너지면서 실망감으로 변했기 때문이다.

남편은 당시 대학 캠퍼스 안에서 진실하고 잘 훈련된 사람으로 모든 학생들의 영적 지도자 역할을 잘 감당했던 사람이었다. 그 모습에 끌려 결혼했는데 살아보니까 그의 진짜 모습은 그게 아니었다. 게으르고 비겁하고 책임감 없는 남편의 모습에 실망하고 분노한 이 아내는 남편이 자기를 속여 결혼했다면서 그동안 자기에게 진 빚을 갚으라고 매일 남편을 들들 볶아댄 것이다. 반면에 당시 아내의 아름다운 외모와 정결한 모습이 너무나 마음에 들어 결혼한 이 남편도 살림에 무성의하고 게으른 아내의 모습을 보면서 실망하게 된 것이다. 그래서 '이 여자 때문에 내 인생은 망했구나!'라고 생각한 남편도 아내에게 윽박지르면서 마치 전쟁터와 같은 부부생활을 해 온 것이다.

그리스도인인 이들 두 사람의 관계가 이처럼 탁구공을 치는 것과 같은 모습인 것을 바라보면서 그 모습에 마음이 아프다. 이유는 상처로 비뚤어진 마음의 눈으로 상대를 바라보면서 상대방의 결점을 수용하지 못하고 오히려 변화시켜보겠다고 서로 싸워왔기 때문이다. 하나님의 용서를 머리로는 믿었는지 모르지만 마음중심으로는 받아들이지 못한 결과이기 때문이다. 이처럼 우리 모두는 구원 받은 그리스도인이면서도 성령께 순종하기 보다는 마귀의 유혹을 따라 종노릇하는 경우가 얼마나 많은지 모른다. 따라서 가장 가까운 부부

관계의 성공은 내면의 변화로 사랑하는 마음을 소유하게 되는 것이 그 기초임을 우리 모두가 다시 확인할 수 있는 계기가 되어야 한다.

결혼의 목적

"인자의 온 것은 섬김을 받으려 함이 아니라 도리어 섬기려 하고 자기 목숨을 많은 사람의 대속물로 주려 함이니라(막 10:45)." 이 같은 섬기는 자세로 교회에서 아름다운 봉사생활의 꿈을 키우자.

삶으로 떠나는 질문

주님께서 우리에게 주신 달란트대로 진실함과 선함으로 봉사를 통해서 하나님의 집을 온전히 섬기고 자신의 신앙성장을 이루자.

웨딩
큐티

신랑이 신부를 위한 기도

우리를 축복하시는 하나님 아버지!

결혼을 앞두고 같은 목적, 같은 생각, 같은 가치관을 두고 기도하게 하시니 감사합니다. 하루하루 결혼 준비를 하면서 우리가 무엇을 준비해야 하며 어떻게 결혼생활을 해야 하는지를 준비하게 하시고 마음의 일치를 위해서 기도하게 하시니 감사를 드립니다.

저희들이 결혼 이후에 한 교회를 섬길 때에 서로가 존귀히 여기며 아굴라와 부리스길라처럼 가정과 교회를 잘 섬길 수 있게 믿음도 주시고 하나님께 충성하는 부부가 되게 하여 주옵소서. 행여나 신앙생활을 할 때에 가치관의 차이로 인해서 서로 틀린 것을 찾기보다 생각이 조금 달라도 이해하고 봉사할 수 있는 달란트와 은사를 주옵소서.

우리의 결혼이 봄의 단비가 되게 하시어서 온 세상 사람에게 축복이 되게 하시고, 부모에게 효도하게 하시고 자녀의 축복도 주시고, 또한 경제적으로 어렵지 않도록 물질의 축복도 허락하여 주옵소서.

사랑으로 살고 푼 우리를 위해서 기도 합니다. 우리가 가는 길을 밝혀 주시고 어려움이 닥쳐도 서로를 믿고 이겨나게 하옵소서. 우리가 만들 가정을 소중하게 생각하게 하시고 서로에게 기쁨이 되어 사랑 받기에 합당한 부부가 되게 하여 주옵소서.

예수님의 이름으로 기도합니다. 아멘.

서로 섬기기 위해서
기도합니다

이를 위하여 죽은 자들에게도 복음이 전파되었으니 이는 육체로는 사람처럼 심판을 받으나 영으로는 하나님처럼 살게 하려 함이니라 만물의 마지막이 가까웠으니 그러므로 너희는 정신을 차리고 근신하여 기도하라 무엇보다도 열심으로 서로 사랑할지니 사랑은 허다한 죄를 덮느니라 서로 대접하기를 원망 없이 하고 각각 은사를 받은 대로 하나님의 각양 은혜를 맡은 선한 청지기같이 서로 봉사하라 _베드로전서 4:6-10

말씀 묵상

베드로 사도는 만물의 마지막이 가까웠다고 하면서 우리가 해야 할 일들을 세 가지로 말한다. 첫째는 정신을 차리고 근신하여 기도하는 일이다. 둘째는 열심으로 서로 사랑하는 일이다. 셋째는 선한 청지기같이 서로 봉사하는 일이다. 여기서 선한 청지기의 뜻은 본래 큰집의 가사를 책임지고 돌보는 일을 맡은 사람을 말한다. 성경에 나오는 인물들 중에 선한 청지기처럼 살았던 사람이 요셉이다. 요셉은 형들의 시기로 인하여 애굽 장사꾼에게 팔려갔다. 그런데 그가 애굽사람 보디발의 집에 노예로 팔려 갔으나 청지기 일을 잘 감당하여 세계에서 제일 강한 애굽 나라에서 나이 30세에 국무총리가 되었다. 이렇게 된 데에는 그가 청지기 정신으로 살았기 때문이다. 우리 모두는 하나님의 청지기라는 정신으로 가정을 이끌어 가야 한다. 그때 하나님께서 복을 주실 것이다. 그러므로 다음과 같은 신앙생활을 해야 한다.

첫 번째로, 하나님과 바른 관계에 초점을 맞추어라. 내가 하나님과의 바른 관계가 없다면 예배드려도 소용이 없다. 그 사실을 단적으로 보여 주는 것이 가인의 제사 사건이다. 하나님과 올바른 관계가 없이 드려지는 예배는 아무런 의미가 없다.

두 번째로, 드림은 예배정신의 핵심임을 알라. 로마서 12장 1절에도 "너희 몸을 하나님이 기뻐하시는 거룩한 산제사로 드리라"고 했다. 받는 것보다도 드린다는 것이 예배의 중요한 정신이다.

세 번째로, 모임으로 예배는 시작된다. 교회는 모이는 공동체이다. 물론 교회는 전도를 위해 흩어지는 공동체이지만 그 흩어지기 전에 먼저 모임을 통해서 이루어지는 공동체이다. 히브리서 10장 25절을 보면 모임의 중요성이 강조되고 있다. "모이기를 폐하는 어떤 사람들의 습관과 같이 하지 말고" 우리는 모임 그 자체의 중요성을 알아 그 의미를 찾아야 한다.

네 번째로, 시간을 엄수하라. 우리가 하나님과 약속이라는 차원에서 볼 때에 예배시간을 엄수한다는 것이 매우 중요하다.

다섯 번째로, 경외함으로 예배에 참여하라.

여섯 번째로, 주님을 기억하는 것이 예배의 절정이 되게 하라.

일곱 번째로, 함께 예배하고 있는 성도에게도 관심을 가져라.

여덟 번째로, 성령의 인도하심에 민감하라.

아홉 번째로, 하나님의 임재 가운데 들어가라.

열 번째로, 모임 속에서 덕과 질서를 세우라.

결혼 묵상

신앙인이라면 누구나 성전에서 봉사를 해야 한다. 하나님께서 내려주시는 가장 큰 은혜와 비밀은 봉사하는 자에게 주어졌기 때문이다. 미국의 〈Points of Light Foundation〉에 따르면, "자원봉사에 참가하는 가정들은 더 강한 가족 유대감을 갖고 있으며 보다 친밀한 지역 사회 생활을 하고 있으며, 가족 구성원 간의 의사소통이 원활하며 자원봉사하는 새로운 세대를 일으키고 있으며, 선함, 동정, 존중, 친절함, 관용 등과 같은 가치들을 배운다"라고 말하고 있다.

신혼부부가 결혼한 이후에 밀월의 시간에 빠져 있기보다는 서로의 사랑을 위해서 교회에서 땀 흘리는 기쁨 또한 아름다운 신혼 생

활을 보낼 수 있는 방법이다. 그 이유는 봉사가 자기 이익에 우선하여 움직이는 이기주의적인 삶의 원리와는 전혀 다른 관점에서 출발하는 활동이기 때문이다. 예수님께서 우리 죄인들을 위하여 베푸신 은혜의 구원사역이 바로 자원봉사의 효시이며, 전형적인 모델이다. 자원봉사 활동은 하나님이 주신 재능에 따라 삶의 모든 영역에서 다양하게 이루어지지만 우선적으로 강한 자가 약한 자에게, 있는 자가 없는 자에게, 도움을 줄 수 있는 자가 도움을 필요로 하고 고통 받는 자들을 향해 활발하게 행해지는 것이다.

자원봉사에는 겸손과 희생의 자세가 반드시 따라야 한다. 하나님으로부터 받은 구원의 은혜에 감사하는 마음이 봉사의 원동력이 되기 때문에, 봉사자 자신이 자랑할 것은 하나도 없다. 마땅히 해야 할 일을 할 뿐이라는 겸손함은 자원봉사를 더욱 빛나게 한다. 더 나아가 이 세상에서 귀하게 여겨지는 가치들을 희생하지 않고서는 올바른 봉사의 삶을 기대하기 어렵다는 것을 배우게 된다. 그러므로 봉사는 가정을 회복시키는 것은 물론 하나님 나라의 가치관이 존중되는 사랑이 넘치는 사회 즉, 이 땅에 하나님 나라를 건설하는 데 이바지할 수 있다.

결혼의 목적

봉사하는 삶은 희생하는 삶이다. 이 희생에 의해서 서로 순종할 때 부부의 삶은 아름답다.

삶으로 떠나는 질문

봉사의 우선순위를 정하여 실천하는 삶을 살자.

웨딩
큐티

신랑이 신부를 위한 기도

사랑하는 주님! 감사드립니다. 주님 안에서 평생을 함께 할 배필이 될 사랑하는 귀한 자매와 함께 결혼을 위한 묵상시간을 갖게 하시니 감사를 드립니다.

'너희는 이 세대를 본받지 말고 오직 마음을 새롭게 함으로 변화를 받아 하나님의 선하시고 기뻐하시고 온전하신 뜻이 무엇인지 분별하도록 하라'는 주님의 말씀을 기억합니다. 이를 위해 더욱 정신을 차리고 깨어 있어 근신하여 기도하는 삶을 지속적으로 살아갈 수 있도록 하여 주옵소서. 육신을 위한 일과 영혼을 위한 일들을 잘 분별할 수 있도록 분별력을 주옵소서. 무엇보다 오늘 주님 말씀하신 대로 열심으로 서로 사랑하게 하옵소서. 육체적 쾌락을 좇아 사는 이 시대 가운데 거룩한 하나님의 뜻을 좇아 사는 자녀들로 불러 주셔서 감사드립니다.

특별히 주님의 교회를 섬김에 있어 민첩하게 하여 주시고, 선한 청지기의 사명을 잘 감당하게 하여 주옵소서. 교회 안에서의 봉사가 하나님께서 내려 주시는 가장 큰 은혜와 비밀임을 알고 우리 두 사람이 신혼의 기쁨에 빠져 지내기보다 우리를 하나 되게 하신 주님께 감사하는 마음으로 맡겨주신 자리에서 충성을 다하게 하옵소서.

예수님의 이름으로 감사하며 기도드립니다. 아멘.

24

진리 안에서 하나 되기 위해서
기도합니다

묵시가 없으면 백성이 방자히 행하거니와 율법을 지키는 자는 복이 있느니라 …… 사람이 교만하면 낮아지게 되겠고 마음이 겸손하면 영예를 얻으리라. _잠언 29:18-23

말씀 묵상

"묵시가 없으면 백성이 방자히 행하거니와"(잠 29:18). 이 말씀을 영어 성경에는 where there is no vision, the people perish라고 기록하고 있다. 이 말은 비전 없는 민족은 망한다는 것이다. 그러면 비전이란 무엇인가? 현재 보이는 것뿐 아니라 미래의 그림을 보는 것이다. 보이지 않는 것을 보게 만들고 현실에 근거하여 꿈을 세우고 계획하여 아름다운 미래를 내다보는 것이 비전이다. 그래서 비전은 보이지 않지만 볼 수 있는 것을 가지고 신뢰하고 나갈 수 있는 꿈이다.

우리가 가정을 세울 때도 비전을 가진 사람만이 행동하는 삶을 살 수가 있다. 꿈을 꾸는 것은 내 자신이지만 비전을 이루시는 분은 하나님이시기 때문이다. 경영학에 '80대 20' 법칙이라는 것이 있다. 이 법칙은 모든 분야에 적용된다. 어느 시대나 사회구조는 피라미드형으로, 사회계층의 20퍼센트가 어떠한 꿈을 갖느냐에 따라서 그 공동체의 운명이 결정되기 때문이다. 즉 이 말은 20%만이 비전을 가지고 있기 때문이다. 미지의 땅을 정복하고 개척하는데 전 생애를 바친 알렉산더 대왕은 더 이상 정복할 땅이 없어서 통곡했고, 미국의 케네디 대통령은 뉴 프론티어(New Frontier) 정신을 일생의 비전으로 삼았다. 비전이 있기에 이들은 목표를 세울 수 있었던 것이다.

결혼 묵상

살을 맞대고 살아가면서도 생각과 감정이 다른 것이 부부다. 그래서 동양에서는 알다가도 모르는 것이 사람 속이라고 한다. 서양에서도 부부는 영원한 이방인(eternal stranger)이라고 표현한다. 서로 다른 것은 분명 축복이다. 그런데 다른 기질, 다른 습관, 다른 생각과 행동 때문에 부딪치고 엉키기도 한다. 싸움과 갈등 그것은 결혼생활에 반드시 거쳐야 할 과정이다. 가정의 행복은 거대한 담론보다도 사소한 일들의 모자이크다. 그 사소하고 작은 일들이 부딪치고 엉키면서 희로애락을 연출하기 때문이다.

"나는 밖에서 외벽을 쌓느라 바빴고 또 하나는 아이들과 보금자리를 따뜻하게 지피느라 바빴다. 비록 내가 큰일을 하는 자가 되지 못할지라도 작은 일에 위대한 자가 되게 하소서." 게스트(E. guest)는 〈작은 것(little thing)〉이라는 제목의 글에서 이렇게 말하였다. 가정의 행복은 무엇을 소유했느냐가 아니라 감정의 공유를 얼마나 나누었느냐에 있다.

미국의 크립베르 목사는 의식불명의 환자가 된 아내를 돌보기 위해 교회를 사임했다. 수많은 교인들의 간곡한 만류에도 불구하고 끝내 물러나면서 이런 말을 남겼다. "나보다 이 사람을 더 사랑하는

주님이 이 여인을 데려갈 때까지 나는 이 여인을 돌봐야 합니다. 교회 일은 대신할 사람이 있습니다. 그러나 남편 역할은 다른 사람이 대신할 수 없습니다. 나는 내 아내를 끝까지 돌봐야 합니다." 회사 일, 교회 일은 다른 사람이 대신할 수 있다. 그러나 남편 노릇, 아버지 역할은 다른 사람이 대역할 수 없다. 가정은 평생직장, 1차 사역지다.

결혼의 목적

신랑과 신부가 공동목표를 가지고 나갈 수 있는 것이 섬김이다. 이 섬김을 가지고 어떻게 가정을 세울 것인지를 자신들에게 물어야 한다. 동시에 우리 가정의 비전은 무엇인가를 생각해 보자.

가정의 결혼 비전 서약.
하나, 태초에 하나님께서 만드시고자 했던 가정의 원형을 회복한다.
둘, 좋은 가정의 본보기가 되어 이웃들에게 좋은 영향을 끼친다.
셋, 행복한 가정을 만들어 천국에서의 삶에 대한 꿈을 키운다.
넷, 가정에서 쌓은 사랑 훈련으로 이웃을 진정으로 사랑하는 법을 익힌다.
다섯, 결혼을 통해 배우자의 달란트를 배가시킨다.
여섯, 가정 학교를 통해 자녀를 미래의 주역으로 만들어낸다.

삶으로 떠나는 질문

서로가 서로에게 꼭 필요한 전제의식을 가지고 서로를 길들이지 말고 목표를 향해서 출발하라.

신랑이 신부를 위한 기도

살아계셔서 역사하시는 하나님께 감사를 드립니다.

좋은 배우자를 만나게 해주시고 함께 인생길을 걸어 갈수 있도록 인도하여 주시니 감사를 드립니다. 얼마 남지 않은 기간 동안에 서로가 서로를 존중하게 하시고 귀하여 여기는 마음이 있어서 일평생 후회가 되지 않도록 잘 준비하게 하여 주옵소서.

가정의 비전에 대해서 서로 말씀을 묵상했습니다. 저희들이 결혼한 이후에 우리 가정에 아름다운 비전이 세워지게 하시고 그 비전으로 인하여 가정이 굳건히 서서 앞길에 서광이 비치게 하여 주옵소서. 꿈이 없는 백성은 망한다고 했사오니 저희 가정에 큰 꿈을 주시고 그 꿈으로 장래를 설계하는 가정이 되게 하여 주옵소서.

사랑의 주님, 사랑하는 자매에게 소박한 유머를 주시옵소서. 그 소박하고 사랑이 넘치는 유머로 지치고 찌그러진 심령을 유쾌하고 밝게 만드는 자매가 되어서 자족하고 감사할 줄 아는 배필이 되도록 축복하여 주옵소서. 저희가 때로는 너무나 이기적일 때가 많습니다. 그러나 서로 사랑하는 마음으로 인해서 그 사랑이 변치 않게 하시고, 힘들고 어려워도 오직 우리 앞에 있는 십자가를 붙들고 신실하게 살게 하여 주옵소서. 하나님께서 기뻐하시는 가정을 세우게 하시고 행복과 풍성함이 넘치는 가정으로 인도하여 주옵소서. 그리하여 이 땅에서 온전한 가정이 세워져서 하나님을 기쁘시게 하는 비전 있는 가정이 되도록 축복하여 주옵소서.

예수님의 이름으로 기도 합니다. 아멘.

25

행복한 사람이 되기 위해서
기도합니다

그런즉 너희가 먹든지 마시든지 무엇을 하든지 다 하나님의 영광을 위하여 하라 유대인에게나 헬라인에게나 하나님의 교회에나 거치는 자가 되지 말고 나와 같이 모든 일에 모든 사람을 기쁘게 하여 나의 유익을 구치 아니하고 많은 사람의 유익을 구하여 저희로 구원을 얻게 하라. _**고린도전서 10:31-33**

말씀 묵상

　미국의 해리슨이라는 사람이 많은 사람들에게 "금년 당신의 소망이 무엇이요?"하고 물었더니 96%가 행복한 가정에서 살기를 원한다고 답했다고 한다. 이 사람들은 재물을 많이 모으거나 성공하는 것보다도 제일 먼저 행복한 가정에서 살기 원한다는 것이다. 가정이란 교회와 더불어 하나님이 세우신 기관으로 하나님이 맡겨주신 사역을 감당해야 할 사역 공동체이다. 이 사역 공동체에서 아름다운 부부관계란 하나의 흠도 없는 완전한 관계가 아니라 건전한 시각으로 상대의 결점을 받아들이고 눈감아 주는 관계이다. 이 같은 관계를 만들기 위해서는 남편과 아내 사이에는 가정의 주인이신 하나님이 계심을 확인하면서 부부가 서로에게 가정의 목적을 이루는 공동체가 되어야 한다.

이런 이야기가 있다. 깊은 밤 칠흑같이 어두운 밤중에 폭우 속에서 전함이 훈련 중이었다. 그때 감시병으로부터 이런 보고가 하나 올라왔다.

"저만큼 불빛이 보입니다."

함장이 지체하지 않고 명령을 내렸다. "충돌 코스에 들어와 있음을 알리고 빨리 20도 각도로 방향을 틀도록 지시하라." 그러자 교신 메시지가 날라왔다. "그 쪽에서 20도 방향을 틀어라." 함장이 화가 나서 소리 지른다. "나는 전투함의 함장이다. 재빨리 20도 방향을 틀도록 하라." 그러자 또 한 번의 교신 메시지가 왔다. "나는 이등 항해사다. 하지만, 여기는 등대다. 빨리 20도 각도로 배를 틀도록 해라."

고집을 부리다가는 등대와 같은 역할을 해줄 가정이 잘못된 목적을 향해서 나갈 수가 있다. 그래서 가정의 목적을 분명히 세워줄 비전이 필요하다. 사람은 어떤 목적을 가지고 사느냐에 따라서 하늘과 땅의 차이가 있듯이 가정의 목적도 마찬가지다.

결혼 묵상

벤저민 프랭클린은 미국 건국 초기의 지도자로 대통령만 되지 못하고 자기가 원하는 모든 직위를 다 가져보았던 사람이다. 그러나 그가 학교를 다닌 기간은 고작해야 2년 남짓이었다. 그가 22살이었을 때에 스스로 반문하기를 "내 인생에서 가장 우선 순위에 있는 일이 무엇일까?"라는 자기반성을 거쳐 12가지 덕목들을 뽑아 자신의 좌우명으로 삼았다.

첫째 – 절제: 과음 · 과식을 하지 않는다.

둘째 – 침묵: 자신과 타인에게 도움이 되지 않는 말을 하지 않는다.

셋째 – 질서: 물건을 제자리에 놓고 일은 알맞는 시간에 한다.

넷째 – 결단: 해야 하는 일은 꼭 완수한다.

다섯째 – 절약: 비싼 것은 사지 않는다. 다른 사람과 자신에게 좋은 것이면 산다.

여섯째 – 근면: 시간은 헛되이 쓰지 않는다.

일곱째 – 성실: 남을 해치는 책략을 사용하지 않는다.

여덟째 – 정의: 남의 권리를 침해하거나 남에게 손해를 입히지 않는다.

아홉째 – 중용: 극단은 피한다.

열째 – 청결: 몸, 옷, 집이 불결한 것은 절대 용납하지 않는다.

열한째 – 평정: 사소한 일에 화를 내지 않는다.

열두째 - 순결: 성을 남용하지 않고 건강과 생산을 위해서 사용한다.

만약 프랭클린이 이 12가지를 다 이루었다고 해도 '겸손'이 없으면 12가지를 다 잃은 것과 마찬가지이다. 최고가 세계를 지배한다고 말하는 세상에서 겸손이란 구시대 유물처럼 보이지만 우리 신앙인에게 있어서 겸손은 참으로 중요한 덕목 중의 하나이다.

결혼의 목적

부부가 가정의 행로를 정하고 순항하도록 설계하고 하나님 보시기에 좋은 삶을 살아가야 한다.

삶으로 떠나는 질문

부부가 서로 자기 목적이 합쳐질 때 거기서 엄청난 힘이 나온다는 사실을 인정하고 목적에 맞도록 일치를 이루는 삶을 살자.

웨딩
큐티

신랑이 신부를 위한 기도

사랑하는 나의 하나님, 아버지의 은혜와 사랑과 함께하심을 감사드립니다.
저희가 아버지의 사랑 안에서 결혼을 하려고 합니다. 얼마나 기다렸고 얼마나 원했는지 하나님은 아십니다. 우리의 사랑이 영원히 이뤄지게 하시고, 우리가 서로를 향해 꿈꾸는 것들과 현실 사이에서 방황하지 않고, 무슨 일을 만나든지 서로 믿고 따르고 순종하며 겸손히 사랑의 열매를 맺을 수 있게 하여 주옵소서.

우리가 결혼하여 가정을 이룰 때에 서로를 향한 자신의 생각의 틀로 서로를 평가하거나 무시하지 않게 하시고, 서로를 이해하고 서로를 위해서 기도하며 서로를 위해서 헌신함으로 사랑을 이루어 가도록 인도하시고, 사랑으로서 하나 되게 하여 주옵소서. 항상 우리 앞에 그 어떤 고난과 다툼과 어려움이 찾아올지라도, 하나님께서 주시는 지혜로 함께 극복해 나갈 수 있게 하셔서, 건강하고 성숙한 가정을 이루며 살아가도록 인도하시고, 권태가 찾아와도 잘 극복하게 하옵소서.

사랑의 주님! 이 시간 우리의 결혼을 앞두고 한 몸으로 연합함을 위하여 기도하고 있습니다. 결혼은 부모를 떠나 한 배우자를 만나 새로운 가정을 이루고 살아가는 것이지만 그 앞에 두려움과 걱정이 앞설 때도 있습니다. 주님 이제 새롭게 가정을 이루기를 원하오니 주의 훈계와 지혜로 가르쳐 주옵소서. 앞으로 저희 가정은 주님을 반석삼아 건강하게 세워지길 원합니다. 세상의 풍파가 저희를 넘어뜨리려 할 때도 저희를 튼튼히 지탱하여 주시고, 항상 지켜주옵소서,

예수님의 이름으로 기도드립니다. 아멘.

26

행복한 가정이 되기 위해서 기도합니다

형제가 연합하여 동거함이 어찌 그리 선하고 아름다운고 머리에 있는 보배로운 기름이 수염 곧 아론의 수염에 흘러서 그 옷깃까지 내림 같고 헐몬의 이슬이 시온의 산들에 내림 같도다 거기서 여호와께서 복을 명하셨나니 곧 영생이로다 _시편 133:1-3

말씀 묵상

사람들이 서로 사랑하고 함께 연합하여 사는 모습은 참으로 아름답다. 그 중에서도 부부가 연합하는 것은 더욱더 그러하다. 여기서 서로 "연합하여 동거함"이란, 하나 되어 함께 산다(to dwell together in unity)는 뜻이다. 마음으로 하나 될 뿐만 아니라, 생활도 함께 나누는 것이 바로 하나님이 바라시는 부부의 삶이다.

성경에 서로 연합한 사례를 많이 본다. 바울을 위해서라면 목숨까지 내어놓을 수 있었던 동업자 브리스길라와 아굴라(롬 16:3-4)가 있었다. 또 바울 곁에는 그들의 눈이라도 빼어서 바울의 눈과 교체해 줄 수 있을 정도로 헌신적인 사랑의 마음을 가진 갈라디아의 성도들이 있었다(갈 4:15). 이렇듯 연합은 아름다운 것이다. 교회 부흥사를 보면 무디는 혼자가 아닌 쌩키와 연합했기에 위대한 부흥운동을 이룰 수 있었고, 요한 웨슬레(John Wesley) 또한 그의 영감 있는 설교와 그의 동생 찰스 웨슬레(Charles Wesley)가 찬송 음악으로 연합했기에 더욱 빛나는 부흥을 일으킬 수 있었다.

루터(Martin Luther)는 멜랑히톤(Phillip Melanchton)이 있었기에 위대한 종교개혁을 이룰 수 있었다. 모세는 여호수아와 갈렙이 있었기에 위대한 사명을 수행할 수 있었던 것처럼 부부의 연합 또한 축복이다. 그래서 좋은 가정은 온 가족이 한마음, 한 생각, 한 뜻을 품고 서로 의논하면서 연합하는 데서 이루어지는 것이다.

결혼 묵상

결혼은 서로 연합하는 훈련이다. 각자의 부모를 떠나서 건강한 남녀가 서로 연합해야 한다. 이 연합을 위해서 서로는 생각을 조금씩 양보해야 한다. 뿐만 아니라 부모를 떠난 신랑과 신부는 새로운 연합을 하게 된다.

신부와 '연합한다'는 말은 다른 모든 것으로부터 분리를 의미하며 오직 부부만이 연합한다는 뜻이다. 신랑과 신부의 연합 그 중간에 어떤 것도 있어서는 안 된다. 그것이 바로 남편과 아내의 연합이다. 종종 첫 아기를 낳은 아내가 자신도 모르는 사이에 아기에게 온통 사로잡혀 남편과 멀어지는 경우도 있다. 자녀란 하나님의 선물이요, 하나님이 주신 기업(시 127:3~4)이지만 남편과 아내 사이에 끼어들어 연합을 방해해서는 안 된다. 아이들이 가장 안정을 누리는 것은 엄마와 아빠가 깊이 연합해 있을 때다. 남편과 아내는 이 세상에서 가정 먼저 놓여야 할 첫 번째임을 잊어서는 안 된다. 또한 부모를 떠난 남녀는 연합하여 둘이 한 몸이 되어야 한다. "아내가 자기 몸을 주장하지 못하고 오직 남편이 하며 남편도 이와 같이 자기 몸을 주장하지 못하고 오직 아내가 하나니(고전 7:4)". 남편과 아내를 한 몸으로 만드신 분은 하나님이시다. 일단 결혼이 성립되면 남편과 아내는 더 이상 두 사람이 아니고 하나이다.

성적인 합일은 둘 중의 어느 누구도 제3자와 나눌 수 없는 그들의 독립적 상호소유임을 말한다. 결혼한 남녀는 서로 자기 몸의 주인이 아니다. 성적 관계를 나눌 때 상호 협의해야 하며 이런 몸의 상호 통제는 성경의 성의 합일 사상에 기초를 확립하고 있는 것이다. 결혼한 남편과 아내를 하나 되게 하신 분은 하나님이시다.

결혼의 목적

서로 연합함으로 위대한 가정의 목적을 이루기 위하여 가치관과, 신앙의 연합, 몸과 마음의 연합을 이루도록 목적을 정하고 나가자.

삶으로 떠나는 질문

새 가정을 이루기 위해서는 목적, 가치, 뜻이 존중되면서 건강한 삶을 위하여 서로가 서로에게 아름다운 연합을 어떻게 이룰 것인지 생각해보자.

웨딩
큐티

신랑이 신부를 위한 기도

사랑의 하나님 감사 합니다!

그 동안 저희가 결혼을 준비하면서 매일 말씀을 묵상하게 하시니 감사합니다. 우리의 결혼을 축복해 주셔서 서로가 서로에게 감사와 사랑이 넘치게 하옵소서.

'형제가 연합하여 동거함이 어찌 그리 선하고 아름답고 헐몬의 이슬 같다'고 했사오니 우리의 결혼생활이 몸과 마음과 생각과 가치관이 일치하고 연합 할 수 있도록 같은 목적과 같은 가치관을 주옵소서. 서로의 비전이 다르지 않게 하시고, 서로의 생각이 일치함으로 세워가는 가정을 만들어 주옵소서.

이 시간 자매를 위하여 기도 합니다.

자매에게 큰 믿음을 주시고, 훌륭한 조력자, 위로자, 상담자의 기질과 영 육 간에 아름다움과 지혜로움을 주옵소서.

또한 사랑하는 자매에게 주님이 오시는 그 날까지, 모든 질병에서 건져 주시고, 건강하게 하시며, 이웃을 사랑하며, 나누어주고, 도와주며, 다른 사람들에게도 행복을 끼치며, 풍성하고 영원한 삶을 무한히 나누어주는 자매가 되게 하여 주옵소서.

우리를 구원하신 예수님의 이름으로 기도합니다. 아멘.

27

서로 사랑하기 위해서
기도합니다

여호와께서 내 주에게 말씀하시기를 내가 네 원수로 네 발등상 되게 하기까지 너는 내 우편에 앉으라 하셨도다 여호와께서 시온에서부터 주의 권능의 홀을 내어 보내시리니 주는 원수 중에서 다스리소서 주의 권능의 날에 주의 백성이 거룩한 옷을 입고 즐거이 헌신하니 새벽 이슬 같은 주의 청년들이 주께 나오는도다 _시편 110:1-3

말씀 묵상

성경적 리더십의 핵심은 헌신이다. 헌신을 통해 능력이 나타난다. 이 헌신은 더 나은 삶이 아니라 더 나은 관계를 위한 것이다. 세상의 지도력은 이 땅에서 좋게 여기는 삶이나 가치를 목표로 하지만, 그리스도인의 지도력은 주님과의 더 나은 관계를 목표로 한다. 그래서 일이 잘 성사되지 못할 때라도 실망하거나 상처받을 이유가 없다. 진정한 삶의 성공은 마음의 중심에서 시작되기 때문이다. 그래서 의무와 헌신은 일을 한다는 공통점이 있지만 분명한 차이가 있다. 의무는 자의가 아니라 타의에 의해서 강요된 일을 하는 것이지만 헌신은 자의에 의해서 이뤄지는 일이다. 또한 의무는 고역이지만 헌신은 즐거운 일이기 때문이다. 즉 즐거운 헌신이란 '주님께 몸을 드린다'는 것이다.

새 가정을 이루려고 준비하는 신랑과 신부는 처음부터 주님께 헌신하는 가정이 되려고 다짐해야 한다. 헌신은 복음을 위해 자기의 목숨을 가치 있는 일에 바치는 일이기 때문에 하나님께 영광을 돌릴 뿐만 아니라 가정도 윤택하게 되는 것이다.

결혼 묵상

『파인애플 이야기』라는 책에 나오는 내용이다. 한 선교사가 정글 속에서 신선한 과일이 먹고 싶어서, 원주민들을 시켜 파인애플 묘목을 심게 하였다. 물론 원주민에게는 노동에 대한 대가를 지불했다. 파인애플 묘목은 심은 지 3년이 지난 다음 파인애플이 열매를 맺게 되었다. 오랜 기다림에 대한 달콤한 보상을 받으려는 찰라에 선교사는 누군가 자신의 파인애플을 몽땅 훔쳐간 것을 발견하게 되었다. 나중에 알게 된 사실이지만 파인애플을 훔쳐간 사람들은 파인애플을 심었던 원주민들이었다. 그들은 "내가 심었으니 내가 거두는 것이다. 이것이 정글의 법칙이다"라고 고집하는 것이었다. 이때 선교

사는 실망감, 배신감, 황당함, 분노의 감정이 처음에는 솟구쳤다. 그가 원주민과 파인애플을 놓고 몇 년간 실랑이를 벌이다가 안식년을 맞이하여 고국에 돌아갔을 때 한 세미나에 참석하게 되었다. 거기서 "주라, 그러면 받으리라. 자신만을 위해 갖고자 하면 잃게 될 것이다. 네가 가진 것을 하나님께 드려라. 하나님은 너를 풍족히 채워 주실 것이다."는 메시지를 통해 성경의 기본 원리를 발견하게 되었다.

선교사는 온갖 방법을 동원해도 지키지 못했던 파인애플 밭을 하나님께 드리는 변화의 법칙을 배우고 다시 선교지로 돌아와서 실천할 때 더 이상 원주민들과 파인애플 때문에 논쟁하지 않고 나누는 삶을 살게 된 것이다.

이 원리는 우리의 문제를 분노 속에서 어떻게 극복하고 하나님께 맡기는 방법이 무엇인가를 알게 하는 원리라고 생각된다. 이것이 결혼한 부부가 자기를 관리하는 법이다.

신혼 시절에는 서로가 처음이기 때문에 모든 것이 낯설다. 그러다 보니 서로의 습관을 고집하게 된다. 이때 어느 누가 포기를 하면 문제는 간단하다. 그런데 어느 한쪽도 포기를 하지 않을 때 갈등이 생기고 문제가 생기면서 서로 고집을 부리게 된다. 이때 파인애플 이야기를 생각하면서 서로 이해하면서 서로의 생각을 제한하지 말아야 한다. 그러면서 서로 칭찬을 해야 한다. 칭찬은 서로에게 유익하며 문제를 쉽게 풀 수 있는 방법인 동시에 서로에게 사랑이 깊어지게 하는 사랑의 심리학이기 때문이다.

결혼의 목적
부부의 연합은 구체적으로 어떤 방법의 연합이어야 하는가를 위해서 서로가
조금씩 양보하고 희생해야 한다.

삶으로 떠나는 질문
지금까지 살아온 과정을 되새기지 말고 부부는 서로 연합함으로 새
로운 삶을 창출해 내야 한다. 그러기 위해서는 서로의 과거를 버리
면서 희생하는 마음가짐으로 어떻게 살 것인지를 생각해보자.

웨딩
큐티

신랑이 신부를 위한 기도

사랑의 하나님 아버지 감사를 드립니다.

하나님의 예비하심으로 이렇게 아름다운 자매를 만나게 하여 주신 것 감사를 드립니다. 이제 부부가 되기에 앞서서 주님께 기도하며 하나님이 원하시는 가정의 모습을 찾기 원합니다. 제 2의 인생의 출발점인 결혼을 잘 준비하게 하여서 주님보시기에 아름다운 가정을 이룰 수 있도록 도와주옵소서.

지난 시간 홀로 살아오며 굳어진 저의 생각들을 주님께서 녹여주시기를 원합니다. 사소한 말다툼을 하고도 먼저 사과하지 못하였던 저의 모습을 용서하여 주시옵소서. 남의 눈의 티는 보면서 자신의 눈의 대들보를 보지 못하였던 자가 바로 저였습니다. 자매의 허물을 감추지 못하고 들춰내었던 저를 용서하여 주시옵소서. 덮어주지 못하고 이해하려 하지 못하였던 것 용서하여 주옵소서.

내가 원하는 것을 요구하기 보다는 자매가 원하는 것을 구하게 하시고, 내가 갖고 싶어 하는 것보다는 자매가 갖기 원하는 것을 먼저 찾을 수 있도록 마음을 허락하여 주옵소서.

우리 안에 서로를 위한 헌신이 필요합니다. 제가 먼저 양보하고 제가 먼저 섬기기를 원합니다. 우리 안에 섬김과 헌신의 모습들이 생겨질 때마다 우리 미래의 가정이 새벽이슬처럼 투명한 빛을 내는 가정 되게 하여 주시옵소서.

모든 말씀 예수님의 이름으로 기도드립니다. 아멘.

28

아름다운 가정이 되기 위해서 기도합니다

그 날에 여호와께서 말씀하신 이 산지를 내게 주소서 당신도 그 날에 들으셨거니와 그 곳에는 아낙 사람이 있고 그 성읍들은 크고 견고할지라도 여호와께서 혹시 나와 함께하시면 내가 필경 여호와의 말씀하신 대로 그들을 쫓아내리이다 _**여호수아 14:12**

말씀 묵상

이 시대는 올바른 선택을 용기 있게 잘하느냐 못하느냐에 따라 성공과 실패가 달려 있다. 갈렙처럼 '이 산지를 내게 주소서'라며 용기 있게 선택을 잘 하면 하나님의 놀라운 축복을 경험하게 된다. '나이 비록 85세이지만 40세에 정탐꾼으로 갔을 때처럼 꿈과 용기와 정열을 가지고 있다. 저 가나안 땅 헤브론 산지를 나에게 붙여준다면 그곳에 사는 힘센 아낙 자손을 다 몰아내고 살기 좋은 옥토로 만들겠다.' 이 얼마나 멋있고 용기가 있고 확고한 신앙의 선택인가? 갈렙은 비전을 가진 사람이었다. 비전을 가졌기에 이 산지를 내게 주옵소서라고 강하게 도전했다. 야망(Ambition)과 비전(vision)은 다르다. 비전이라는 말의 일반적 의미는 "미래에 대한 계획이나 전망"을 말한다.

신앙적인 의미로 비전은 믿음의 눈이고, 믿음의 눈은 어떤 것이 오기 전에 그것을 보는 것이다. 눈앞에 있는 것을 보는 것이 아니라 눈앞에는 없지만, 아직 실현되지는 않았지만 하나님의 영광을 위하여 꿈꾸며 하나님께서 함께하심을 믿고, 이루어질 줄로 믿고 보는 것이 비전이다. 갈렙처럼 이런 비전을 가지고 신랑과 신부가 결혼해야 한다. 지금까지 누군가를 의지했다면 이제 하나님만 의지하고 나머지는 끊어 버려야 한다.

결혼 묵상

결혼의 앞 길에는 언제나 행복의 비단길만 있는 것은 아니다. 원하던, 원하지 않던, 우리의 삶은 고난 앞에 부딪치게 된다. 그러나 고난을 대하는 태도에 따라서 우리의 삶은 결정된다. 만약 우리가 고난 극복의 원리를 삶 속에서 적용하지 못했을 때는 불안과 좌절을 벗어나기가 어렵다. 그래서 우리는 고난이 찾아오면 피하려고 하지 말고 정면으로 맞서 싸워서 승리를 해야 한다. 이것이 고난 극복의 원리이다. 사실 모든 고난에는 뜻이 있다. 만약 하나님께서 우리에게 고난을 허용하신 것이라면 고난을 피하려고 하지 말고 오히려 고난 속에서 부여된 적극적인 뜻을 찾아서 기쁨과 감사함으로 내 인격의 성숙을 가져오게 하는 기회로 삼아야 한다.

성경은 고난 극복의 원리를 야고보서 1장 2절에서 말해 준다. "내 형제들아 너희가 여러 가지 시험을 만나거든 온전히 기쁘게 여기라." 4절에서 "인내를 온전히 이루라 이는 너희로 온전하고 구비하여 조금도 부족함이 없게 하려 함이라."

우리를 하나님 앞에서 온전하며 구비되어 조금도 부족함이 없는 인격으로 삼으시기 위해서 여러 시험을 허용하신다고 야고보 사도는 말한다. 그래서 우리의 삶에 만약 고난이 찾아온다면 언제나 이길 것을 생각하고 좌절하지 말아야 한다.

오직 가정을 새롭게 개척한다는 정신으로 살면 아름다운 가정을 만들 수가 있기 때문이다. 그러기 위해서는 서로 희생하여야 한다. 사람을 의지하지 말고 하나님을 의지해야 한다. 그러면서 목표를 향해 나갈 때 시련을 극복하고 승리할 수가 있기 때문이다.

결혼의 목적

의지하는 삶에서 자립하는 정신, 자수성가하는 정신을 가지는 삶의 목표를 세워라.

삶으로 떠나는 질문

갈렙처럼 '이 산지를 내게 주옵소서' 하는 정신이 무엇인가를 생각해 보자.

이 산지를 얻기 위해서는 개척정신이 필요하다. 무엇이 개척정신인가를 알고 도전하자.

웨딩
큐티

신랑이 신부를 위한 기도

우리를 만나게 하셨고, 은혜 가운데 인도하고 계시는 주님 감사합니다.

지금까지 저희들이 결혼을 준비하면서 보이는 것을 믿으며 살아 왔는데 이제 저희들이 눈에 보이지 않아도 더 신실하게 믿을 수 있는 신뢰와 믿음을 주시어서 더욱 큰 사랑으로 더 다가 갈수 있도록 하여 주옵소서. 서로가 다른 곳을 바라보며 다투기보다는 같은 목표, 같은 말, 같은 뜻 같은 마음을 가지고 같은 열매를 맺을 수 있도록 허락하여 주시고, 동일한 비전을 품을 수 있도록 축복하여 주옵소서.

지금까지 저희들 부모님을 의지하고 살아왔지만 이제는 우리가 하나님만 의지하고 살아갈 수 있도록 인도하여 주시고, 사람을 의지하던 습관들 버리고 오직 하나님만 의지할 수 있도록 도와주시옵소서. 우리가 한 몸을 이룬 가운데 같은 곳을 바라보고 같은 목표를 향하여 달려 나갈 수 있도록 비전을 주옵소서.

갈렙이 '이 산지를 내게 주소서'라고 기도하면서 이 산지를 얻기 위한 개척정신을 발휘했던 것처럼 자매에게도 이런 개척정신을 주시고, 자매를 이끌어갈 수 있도록 남편인 저를 도와주옵소서. 이제 저희 부부가 이런 개척정신을 가지고 새로운 가정을 이루게 하시고 큰 믿음으로 세상을 이기면서 살 수 있는 은혜를 주시옵소서. 거룩하신 예수님의 이름으로 기도드립니다. 아멘.

29

날마다 감사하기 위해서 기도합니다

사랑하는 자들아 하나님이 이같이 우리를 사랑하셨은즉 우리도 서로 사랑하는 것이 마땅하도다. _요한일서 4:11

말씀 묵상

하나님은 아담이 홀로 사는 것이 좋지 못함으로 돕는 배필을 주시기로 작정하셨다. 그러나 하나님께서는 먼저 동물들을 만드시고 아담에게 보여 주시며 이름을 짓도록 하셨다. 결혼에 앞서 하나님과 동역하는 일이 필요하기 때문이다. 하나님은 아담을 깊이 잠들게 하신 후에 아담의 갈비뼈 하나를 취하여 여자를 만들어 주셨다. 여기서 갈비뼈를 취하여 만들었다는 것은 남자와 여자가 인격적으로 상호 동등한 위치에 있음을 보여 준 것이다(잠 19:14).

하나님은 신성한 결혼제도의 창시자요 결혼예식의 주관자 되시기 때문에 3가지 주례사를 하셨다(마 19:4-6). 첫째, 육체적, 인격적으로 책임 있는 존재로서 부모를 떠나서 독립해라. 둘째, 서로 연합해라. 셋째, 두 사람이 성숙한 사랑과 서로 이해함으로 하나가 되어라. 그러면서 내가(하나님) 짝 지어주신 것을 결코 사람이 나누어서는 안 된다고 말씀하셨기 때문에 이 두 사람은 벌거벗었으나 부끄러워하지 않았던 것이다. 이것은 두 사람 사이가 거리낌이나 수치심이 없었다는 의미이다. 그래서 요한 사도는 말한다. "사랑하는 자들아 하나님이 이같이 우리를 사랑하셨은즉 우리도 서로 사랑하는 것이 마땅하도다."

결혼 묵상

낯선 손님들이 어떤 가정을 방문했을 때 제일 먼저 느끼는 것은 그 가정에 배어 있는 냄새이다. 그것은 불쾌한 냄새일 수도 있고 아니면 라일락 향기 같은 냄새일 수도 있다. 그 불쾌한 냄새는 해결되지 않은 가정 안의 문제일 수도 있고 가족 사이에 얽혀 있는 갈등일 수도 있다. 그런데 대부분의 가정문제가 잘못된 부부관계에서 시작된다는 현실을 바라보면서 올바른 부부관계를 회복하는 것이 향기나는 가정을 만드는 비결임을 깨닫게 된다.

남편들이 변치 않는 사랑을 아내와 변함없이 나누는데 실패하는 이유는 자신의 의지로 아내를 즐겁게 해주려 하기 때문에 그 사랑은 오래갈 수 없다. 따라서 결혼의 목적이 주님을 사랑하고 주님께 영광을 올려드리기 위한 것이 되어야 한다. 그래야만 그 사랑이 변하지 않고 그 결과 남편과 아내는 비로소 가정의 행복이라는 귀한 선물을 받을 수 있게 되는 것이다. 많은 그리스도인들이 결혼생활에서 힘들고 비참해지는 이유는 하나님을 잊어버린 채 자신의 행복한 결혼생활만을 우상처럼 떠받들고 있기 때문이다. 따라서 가정의 남편들이 먼저 말씀대로 순종하면서 성숙한 그리스도인이 되어 하나님과의 사이에 막힌 담을 해결하는 것이 가장 중요한 일인 것이다.

결혼의 목적

하나님 앞에 완전한 사람은 아무도 없다. 그러나 완전한 사랑을 위해서 부부가 깨끗함을 추구하도록 노력해야 한다.

삶으로 떠나는 질문

R. A 토레이 목사님이 제시한 완전한 인간이 되는 4가지 조건이다.

1. 하나님의 소유가 된 사람
2. 하나님을 위해서 사는 사람
3. 하나님께 완전히 순종하는 사람
4. 하나님의 뜻밖에 모르는 사람

완전한 사랑을 위해서 위에 있는 4가지를 이루고 있는지 생각해 보라.

웨딩
큐티

신랑이 신부를 위한 기도

사랑하는 하나님 아버지!

하나님의 형상으로 나를 지으시고, 내게 세상에서 가장 귀한 자매를 만나게 하심 감사합니다. 저와 자매를 향한 사랑과 선하신 계획을 감사합니다. 하나님의 영광과 기쁨을 위해 계획된 결혼을 준비 할 수 있도록 도와주시옵소서.

우리가 지금까지 서로 다른 환경과 문화와 성격과 가치관을 가지고 살아왔는데 서로 부딪치는 부분을 만날 때 지혜롭게 극복하게 하시고 주님을 경외하며, 주님을 날마다 예배하는 저희가 되게 하여 주옵소서. 주님이 주신 꿈과 비전으로 자매와 가정을 이끌어가며, 말씀과 기도와 사랑으로 자매를 돕게 하여 주옵소서. 늘 성령 충만하게 하시고, 주님과의 깊은 교제를 통해 내영이 충만케 하셔서, 축복이 자매에게 흘러가게 하여 주옵소서. 자매를 귀히 여기며, 우리의 성생활이 건강하고, 평생 순결한 부부로 살아가게 도와주옵소서. 자매의 건강을 지키시며 아플 때나 힘들어 할 때도 잘 도울 수 있는 남편이 되게 하시고 함께 기도하며 주님의 꿈과 비전을 향해 순종하며 나아가는 저희가 되게 하여 주옵소서.

예수님의 이름으로 기도합니다. 아멘.

믿음으로 승리하기 위하여 기도합니다

세월을 아끼라 때가 악하니라 그러므로 어리석은 자가 되지 말고 오직 주의 뜻이 무엇인가 이해하라 술 취하지 말라 이는 방탕한 것이니 오직 성령의 충만을 받으라 _에베소서 5:16–18

말씀 묵상

이 땅에는 지혜로운 삶을 사는 사람이 있고 어리석은 삶을 사는 사람이 있다. 성경은 지혜로운 자를 일컬어 반석 위에 집을 짓는 사람이고 어리석은 삶을 사는 자는 모래 위에 집을 짓는 사람이라고 하였다. 지혜로운 삶을 산다는 것은 어두움 속에서 등불을 들고 길을 찾아가는 삶이라면 어리석은 삶을 사는 것은 어두움 속에 있으면서 등불을 무겁다고 버리는 삶과도 같다. 잠언 8장 5절에 "어리석은 자들아 너희는 명철할지니라" 하였다. 잠언 8장 11절에 "대저 지혜는 진주보다 나으므로 무릇 원하는 것을 이에 비교할 수 없음이니라." 잠언 20장 15절에 "세상에 금도 있고 진주도 많거니와 지혜로운 입술이 더욱 귀한 보배니라" 하여 지혜에 소중한 가치를 부여한다.

우리는 이 세상을 살면서 어리석은 자가 되어서는 안 된다. 즉 미

련한 자는 서로 다른 환경 속에서 자라온 시간들을 이해하지 못하고 자기 고집만 부리는 사람이다. 결혼을 하려는 예비 신랑과 신부는 서로 다름을 이해하고 결혼을 준비해야 한다.

결혼 묵상

미국 오페라 계에 유명한 힐리니 헐버튼이라는 가수가 있다. 그 가수가 어느 날 2층 창밖을 바라보다가 우연히 자기 집 아이와 이웃집 아이가 하는 얘기를 듣게 되었다. 이웃 집 아이가 "우리 아버지는 시장님과 아주 잘 알아 그래서 시장님과 골프 치러 갔어." 하니까 그 얘기를 듣고 있던 자기 아들이 "우리 아버지는 하나님을 잘 아신다. 우리 아버지는 하나님의 사랑을 많이 받아"라고 이야기를 했다. 이 얘기를 듣던 헐버튼이 창가에 서서 커튼을 잡고 소리 내어 울었다. '아! 하나님이 나를 사랑하신다.' 그 하나님을 자신이 잘 안다고 고백해 준 아들이 너무 너무 자랑스러웠다고 한다.

우리는 하나님을 잘 알아야 한다. 하나님께서 우리로 하여금 사랑받게 하기 위해 태어나게 했고, 사랑받게 하기 위해서 이렇게 결혼하게 했다면 얼마나 행복한 일인가? 여기에 신비가 있고 감사가 있다. 이것은 기적 중에 기적이다. 창세 전에 나를 사랑하신 하나님의 뜻을 안다면 현재도, 미래도 우리의 삶 전체가 다 하나님의 사랑속에 있다는 것을 알게 되는 것이다. 그래서 자기 존재가 언제나 사랑받고 있다는 것을 알 때 신성한 자존감이 생기며 살 만한 가치가 있고 살맛이 나고 긍지를 가지며 인생의 모든 장애를 다 극복할 수 있다. 이러한 사랑을 하나님께 받게 될 때 자기 자신을 사랑하게 된다.

결혼의 목적

어떤 형편에 처하든지 자족하며, 일체의 삶의 비결을 배우며, 내게 능력 주시는 자 안에서 승리하는 성도가 되자.

삶으로 떠나는 질문

우리는 어떤 환경에서든지 새로운 비전을 가지고 환경을 바꾸어야 한다. 기도함으로, 하나님의 파송을 받은 존재로, 찬송을 부름으로 행복한 존재로, 사람을 살려냄으로 창조적인 존재로 바꾸어야 한다.

웨딩
큐티

신랑이 신부를 위한 기도

인생의 발걸음을 인도하시는 하나님!

지금까지 저희들이 주님의 뜻 안에서 만나게 해주시고 인도해 주셔서 이제 내일이면 결혼식을 하나님과 여러 사람들 앞에서 하게 되었습니다. 저희들은 말씀을 통해서 서로를 생각하면서 준비하여 왔습니다. 하나님께서 저희 몸과 마음을 주장하여 주시어서 지금까지 말씀을 통해서 기도로 준비한 것들이 주님 안에서 균형과 조화를 이루게 하여 주옵소서.

저희들이 일생을 살아 갈 때 신앙 안에서 살게 하시고, 또한 결혼이후에 더욱더 좋은 일들이 많아지게 하시어서, 양가 모두가 결혼을 통하여 하나님의 영광을 드러내게 하여주옵소서. 바라기는 결혼을 주례하시는 ○○○에게도 은혜를 주시어 주례를 통해서 주시는 말씀을 평생 기억하게 하여 주옵소서.

이 시간 간구 합니다. 저희들에게 믿음을 주시옵소서. 더욱더 큰 사랑을 주옵소서. 믿음이 있는 저희들이 되게 하시고. 건강의 복도 주시고, 형통케 하여 주시고 어려움을 만나도 뚫고 나갈 수 있는 새 힘을 허락하여 주옵소서. 양가 부모님도 잘 섬기게 하시고. 일터에서도 인정받고 사랑 받는 저희들이 되게 하여 주옵소서. 또한 태의 복도 주시어서 믿음의 자녀들을 선물로 주시옵소서. 사랑많으신 예수님의 이름으로 기도합니다. 아멘.

부록

신랑의 할일

1. 가정에서 예배를 드리고 아버지의 축복을 받는다.
2. 필요한 사항을 점검표를 가지고 점검한다.
3. 예복을 갖춰 입고 예식 30분 전에 식장에 도착하여 식장 입구에서
   손님을 맞는다.
4. 입구에 나와 인사를 한다.

신부의 할일

1. 아침 일찍 일어나 온 가족이 예배를 드린다. 그리고 아버지는 딸에게
   축복을 한다.
2. 부모에게 인사한다.
3. 미용과 옷차림으로 자신을 가꾼다.
4. 교통이 혼잡할 경우까지 대비하여 예식 1시간 전에 식장에 도착한다.
5. 신부 대기실에서 조용히 기다리고 신랑 대기실을 찾지 않는다.
6. 대기실에 조용히 앉아 친지들의 축하인사를 받는다.

2. 결혼 예식 순서

시간 :   주례:

촛 불 점 화 ─────────── 양가 어머니
예 식 사 ─────────── 주 례 자
신랑신부입장 ──── 일어서서 환영 ──── 신랑 신부
찬   송 ──── 605장(통287장) ──── 다 같 이

오늘 모여 찬송함은
1. 오늘모여 찬송함은 형제자매 즐거움
   거룩하신 주 뜻대로 혼인예식 행하세
   신랑신부 이 두 사람 한 몸 되게 하시고
   온집안이 하나되고 한뜻 되게 합소서
2. 세상에서 사는 동안 한길 가게 하시고
   맘과 뜻이 하나되어 주 따르게 하소서
   서로 믿고 존경하며 서로 돕고 사랑해
   고와낙을 함께하며 승리하게 합소서
3. 아버지여 우리들이 기도하고 바람은
   저들 부부 세상에서 해로하게 하소서
   이 두 사람 감화하사 항상 주를 섬기며
   이 세상을 살아갈 때 행복하게 하소서

기   도 ─────────── 맡은이
성경 봉독 ─────────── 주례자
주 례 사 ─────────── 주례자
서   약 ─────────── 신랑 신부

거룩하신 하나님 앞에서는 은밀한 것이라도 숨길 수 없습니다.
이제 전능하신 하나님 앞과 이곳에 모인 여러 증인들 앞에서
신랑신부는 정성된 마음으로 서약하시기 바랍니다.

● 신랑(오른손 들고) ●

신랑 ○○○군은 하나님의 거룩하신 뜻대로 이 혼인을 이루어
신부 ○○○양을 아내로 삼고 남편된 책임을 다하여 사랑하고 위로하며
귀중히 여기고 보호하여 주 안에서 종신토록 의를 굳게 지킬 것을
엄숙히 서약합니까? -아멘-

● 신부(오른손 들고) ●

신부 ○○○양은 하나님의 거룩하신 뜻대로 이 혼인을 이루어
신랑 ○○○군을 남편으로 귀중히 여기며 순종하고 보호하여 주 안에서
종신토록 의를 굳게 지킬 것을 엄숙히 서약합니까? -아멘-

축복 기도 - 성경 위에 신랑 · 신부 손을 얹고 - 주 례 자
성혼 선포 ─────────── 주 례 자
지금은 내가 성부와 성자와 성령의 이름으로 ○○○군과 ○○○양이

부부가 된 것을 공포하노니 하나님이 짝 지어주신 것을 나누지
못할지니라 -아멘-

축   가 ──────────────── 맡 은 이
인사의 말씀 ──────────────── 가족 대표
찬   송 ── 384장(통 434장) ── 다 같 이
1. 나의 갈길 다가도록 예수 인도하시니
   내 주 안에 있는 긍휼 어찌 의심하리요
   믿음으로 사는 자는 하늘 위로 받겠네
   무슨 일을 만나든지 만사형통하리라
   무슨 일을 만나든지 만사형통하리라
축   도 ──────────────── 주 례 자
신랑신부인사 ──────────────── 양가 부모와 내빈께
결혼 대행진 ── 모두 일어서서 격려의 박수 ── 신랑 신부
폐 회 선 언 ──────────────── 주 례 자

● 성경 말씀 ●

아내들이여 자기 남편에게 복종하기를 주께 하듯 하라 이는 남편이 아
내의 머리됨이 그리스도께서 교회의 머리 됨과 같음이니 그가 바로 몸
의 구주시니라 그러나 교회가 그리스도에게 하듯 아내들도 범사에 자기
남편에게 복종할지니라 남편들아 아내 사랑하기를 그리스도께서 교회
를 사랑하시고 그 교회를 위하여 자신을 주심같이 하라(엡 5:22-25)

● 인사 말씀 ●

하나님의 축복과 크신 은총 가운데 저희 두 사람이 결혼 예식을 올리게
되어 하나님께 영광과 감사를 드립니다.

특별히 오늘 주례를 하여 주신 목사님에게 감사를 드립니다.

또한 오늘에 이르기까지 저희들을 한결같이 사랑과 정성으로 키워주시
고 가르쳐 주시고 길러주신 부모님의 은덕에 진심으로 감사를 드립니다.

바쁘신 중에도 친히 찾아 오셔서 저희들의 결혼을 축하해 주신 내빈 여
러분, 일가 친지, 친구들에게 감사드립니다.

저희들은 하나님 앞에서나 여러분들 앞에서 진실된 삶, 행복한 가정을
이루기 위하여 노력하겠으며, 오직 하나님의 영광을 위하여 살아가도록
노력하겠습니다.

직접 찾아뵙고 인사드리지 못함을 양해하여 주시고 앞으로도 변함없는
사랑으로 기도해 주시고 지도하여 주시길 바라오며 주님의 평강이 여러
어르신들의 가정에 늘 함께하시기를 기원합니다. 감사합니다.

신 랑 ○○○
신 부 ○○○ 올림

하나님 아버지!

이 특별한 날 우리가 주님을 찬양하고 주님을 경배합니다.

이 거룩한 결혼 예식에 주님이 함께 계심을 감사하고 또한 우리가 기뻐합니다.

신랑과 신부를 위해 기도합니다. 신랑과 신부 이 두 사람이 부부의 언약을 맺을 때 그 언약을 지킬 수 있는 능력이 주께로부터 오는 것을 확신하게 하옵소서.

둘이 한 몸을 이루고 주님을 본받는 삶을 살게 하여 주옵소서.

하나님 아버지!

신랑과 신부 사이에 거하셔서 진실하게 한 몸을 이루게 하옵소서.

정직한 것이 얼마나 중요한지 친밀한 것이 얼마나 아름다운지 발견하게 하여 주옵소서. 살아가는 동안에 모든 상처를 이겨내고 모든 오해를 풀어 나갈 주님의 사랑을 부어 주시옵소서.

사랑의 아버지 하나님!

신랑과 신부가 주위 사람들에게 너그럽게 하시고 주님과의 관계가 사려 깊게 하시고 부모님과 일가친척들과의 관계가 아름답게 하시고 신실한 친구들을 선택할 때 지혜롭게 하여 주시옵소서. 무엇보다도 두 사람 마음 속에 믿음과 소망과 사랑을 심어 주시어서 주님의 은혜를 기대하며 살게 하시고 주님께 "예"라고 대답할 때 결혼을 비롯한 모든 생활이 가장 고상한데 이르는 것을 체험하게 하여 주시옵소서.

이제 신랑과 신부에게 풍성한 은혜를 베풀어 주시어서 주위 사람들에게 복의 근원이 되게 하여 주옵소서. 예수 그리스도의 이름으로 기도합니다. 아멘!

에덴에서의 부부 (엡 5:22-33)

이 세상에 하나님께서 만드신 것이 있다면 가정과 교회입니다. 그 나머지는 사람들이 만든 것들입니다. 국가도, 직장도, 학교도 모두 사람들이 만든 것들입니다. 그러나 가정과 교회만은 하나님께서 직접 만드셨습니다. 그래서 가정과 교회는 신성한 곳입니다.

오늘 결혼하는 신랑과 신부가 에덴동산의 아담과 하와처럼 에덴에서의 부부가 되기를 바랍니다. 오늘 결혼하는 부부가 에덴에서의 부부가 되려면 3가지를 할 줄 알아야 합니다.

첫째, 여호와를 경외할 줄 알아야 합니다.

시편 128:1-6절을 보면 여호와를 경외하며 그 도에 행하는 자는 복이 있다고 했고 그러면서 여호와를 경외하는 가정의 축복을 말하고 있습니다. 가정을 번성케 하는 비결은 여호와 하나님을 온전히 경외하는 것입니다. 여호와를 경외하는 가정에 복을 주십니다. 창조의 근원이 여기서부터 시작되었기 때문입니다.

인간은 하나님을 경외하도록 지음받았습니다. 그렇기 때문에 오늘 결혼하는 신랑과 신부가 한 몸이 되어서 하나님을 온전히 경외함으로 감람나무처럼 번성해지는 축복을 받기 바랍니다.

둘째, 생명을 사랑할 줄 알아야 합니다.

사람에게 가장 소중한 것은 생명입니다. 생명을 잃어버리면 무익합니다. 이 생명이 하나님께로부터 왔기 때문에 서로 사랑하고 존경하면 가장 귀한 사랑의 가치를 발견하게 됩니다. 그래서 다음과 같이 신랑과 신부에게 권면을 합니다.

남편 되는 신랑에게 권면합니다.

- 결혼기념일과 아내의 생일을 잊지 마십시오.
- 나무를 가꾸는 정원사의 심정으로 아내를 대해 주시기 바랍니다.
- 모든 일을 아내와 의논하고 결정하는 습관을 기르시기 바랍니다.
- 진정한 행복은 사랑의 대화입니다. 많은 대화를 나누시기 바랍니다.
- 마음에 상처를 주는 농담이나 가족의 험담을 삼가하시기 바랍니다.
- 남편의 매력은 너그러움입니다. 한 걸음 양보하시기 바랍니다.
- 가정의 경제를 아내에게 일임하여 보람을 갖고 살림에 임하도록 하시기 바랍니다.

또 아내 되는 신부에게 권면합니다.

- 아름다움과 재치와 근면성이 있는 현숙한 아내가 될 것을 꿈꾸시기 바랍니다.
- 음식을 정성껏 준비하여 식탁을 친교와 화목의 장으로 가꾸시기 바랍니다.
- 웃으며 남편의 이야기를 들어주고 결코 혼자 중얼거리는 일을 하지 마시기 바랍니다.
- 남편에게 재충전을 위해 정신적인 휴식시간을 주시기 바랍니다.

- 중요한 일은 꼭 남편의 결정을 따르시기 바랍니다.
- 남편의 수입에 맞추어 규모 있는 살림을 꾸리시기 바랍니다.
- 가정을 하나님의 성전으로 만들어 하나님의 축복이 머물도록 하시기
  바랍니다.

왜 주례자가 사소한 일까지 시시콜콜하게 잔소리를 하느냐는 분들도 있
겠지만 실제로 젊은이들이 생활에서 실천할 수 있는 실제적인 가르침이
라는 것을 잊지 않게 하기 위해서입니다.
결혼은 지금까지 살던 가정을 떠나서 새로운 가정을 만드는 것입니다.
아름다운 가정을 만들려면 주 안에서 한 몸 되어서 위로는 부모님을 존
경하고 형제 간에 우애하면서 서로 생명을 존중하면 하나님께서 은혜와
평강의 복을 주실 것입니다.

셋째, 가장 소중한 것을 구별한 줄 아는 지혜가 있어야 합니다.
이 세상에서 가장 좋은 것은 평화입니다. 평화가 있는 곳에 근심의 그림
자가 사라집니다. 그러기 위해서 신랑과 신부가 서로 해야 할 일이 있습
니다.
서로 기도해 주십시오.
서로 격려를 해주십시오.
서로 도와주며 용기를 주는 부부가 되시기를 바랍니다. 그러면서 남편
으로서 책임과 의무를 다하고, 아내로서 의무를 다 할 때 평강의 축복이
가정 속에 임할 것입니다.

말씀의 결론을 맺겠습니다.

첫째, 여호와를 경외할 줄 알아야 합니다.

둘째, 생명을 사랑할 줄 알아야 합니다.

셋째, 가장 소중한 것을 구별할 줄 아는 지혜가 있어야 합니다.

하나님께서 아담과 하와에게 에덴동산에서 부부가 되게 하시고 축복하신 것처럼 하나님께서 축복하시고 기뻐하시는 복된 가정을 만드시기를 바랍니다.

결혼 예식에 쓰이는 음악은 대부분 듣기에 좋은 곡을 선택한다. 그런데 깊이 들어가서 보면 곡의 아름다움과 선율에 비해서 그 내용이 적합치 않은 곡이 많다. 결혼은 하나님 앞에서의 예식이다. 내가 듣고 싶다고 해서 마음대로 골라서 듣는 것이 아니다. 새 출발하는 가정의 예식이라는 점을 잊지 말아야 한다.

대부분 결혼식장에서 사용되는 곡들을 보면 신부의 입장의 경우 바그너(R. Wanger)의 가극 로엔그린(Lohengrin)의 "결혼 행진곡"을 사용하고, 퇴장할 때는 멘델스존(F. Mendelssohn)의 "한 여름 밤의 꿈"을 연주한다. 또한 결혼 예식의 화촉을 위해서 전체적으로 조용하고 엄숙한 분위기를 위한 곡들을 연주하는데 왈츠, 세레나데, 에코세즈, 에델바이스, 청산에 살리라, 임이 오시는지, 트로이메라이 등 아름답고 감미로운 음악들을 연주한다. 그리고 왈츠 - J. Brahms, 목련화, 청산에 살리라, 인터메조를 쓰고 신랑입장 때에는 군대행진곡(Marche militaire), 완전한 사랑, 신부입장 때에는 결혼행진곡(Brautchor) - R. Wagner를 사용한다. 퇴장 음악으로는 새 출발하는 가정을 위하여 축혼 행진곡(Hochzeitsmarsch)- F. Mendelssohn을 사용한다. 이런 곡들은 그 곡을 작사한 사람들이 그 곡에 다 예배의 정신을 넣지 않았기 때문에 쓰면 안된다.

로엔그린은 "백조의 기사"라고도 하는데 몽환 백조왕자의 이야기이다. 왕자가 저주를 받아 마술에 걸려 백조가 돼서 왔다가 나중에 왕자가 돼서 나간다는 이야기이다. 이런 곡은 성악이든 기악이든 바람직하지 않다. 그래서 결혼 예식에는 다음과 같은 곡을 사용하는 것이 좋다.

전주곡

Bach, "예수 인간 소망의 기쁨"

Bach, " 양을 안전히 먹이심"

Edwards "Rhosymedre"(Lovely)

행진곡을 위하여

Bach, "sinfonia" Wedding Cantata No 196

Marcello "Psalm 19"(The Heavens Declare)

퇴장을 위하여

Purcell, "Trumpt Voluntary"

Hande 1- Grove "A Trumpet Voluntary"

Karg - Elert "Nun danket All Gott"

축가

당신은 사랑 받기 위하여 태어난 사람

사랑은

믿음의 가정

사랑의 종소리

6. 혼인 서약문을 쓰기 위하여

결혼을 하고 난 뒤 대부분의 사람들은 결혼식 때 한 혼인서약을 그냥 잊고 살 때가 많다. 그래서 결혼의 신성과 서로에게 한 약속을 잊지 않기 위해서 쓰는 혼인 서약문은 참으로 중요하다.

결혼 서약문을 쓰는 이유는 결혼한 이후에 부부 간의 갈등을 극복하고 사랑의 강도를 높이기 위해서이다. 서로에게 헌신을 다짐하고 부부 간의 한 몸 됨을 굳게 하기 위해 혼인 서약문을 새롭게 써서 결혼하기 이전에 신랑과 신부가 서로 교환하기를 바란다.

● 혼인서약문 쓰는 방법 ●

혼인 서약문을 쓰려면 1~2개월의 준비기간이 필요하다. 막연하게 쓰지 말고 서로가 현실적이고 지킬 수 있는 것을 써야 한다.

1. 결혼의 의미와 헌신의 중요성에 대해서 에베소서 5:21~33절의 말씀을 묵상한다.
2. 수시로 배우자를 위해서 기도를 한다.
3. 서로가 서로에게 최선을 다해서 기도하는 마음으로 혼인서약문 초안을 작성한다. 혼인 서약문은 두 사람이 함께 써도 괜찮다(우리는…), 남편이 아내에게, 아내가 남편에게 하나님 앞에서 서약하는 형태로 써도 괜찮다 (저 ○○○는…).
4. 초안을 한 주간 정도 묵상한 후 수정하여 문안을 최종 확정한다.

5. 새롭게 쓴 혼인서약문을 예쁘게 출력하여 자필 서명해서 액자에 넣는다.

6. 서로가 서로에게 이렇게 지키자고 약속한 후에 액자에 넣어서 집 안에 잘 보이는 곳에 붙여 놓는다.

신랑

신부

신랑(신부) ○○○는 하나님께서 맺어준 사람들로서 서로가 서로를 귀하게 여기며 내 몸처럼 아끼고 사랑하면서 다음 같이 서로를 위해서 헌신하겠습니다.

1. 우리는 매일 서로를 아끼도록 매일 기도하겠습니다.
2. 서로에게 관심을 가지고 소망과 격려와 용기를 주는 자가 되겠습니다.
3. 상대가 지쳐 있을 때 위로를 줄 수 있는 우산이 되겠습니다.
4. 일평생 서로를 위해서 축복자가 되며 진리 안에서 살겠습니다.
5. 평생을 함께하면서 신실한 하나님의 말씀 위에 손을 얹고 혼인 서약한 대로 살겠습니다.
6. 나 ○○○는 남편(아내)된 책임을 다하여 주 안에서 종신토록 부부의 대의를 굳게 지키며, 동시에 어려운 이웃을 돌아보는 마음도 잊지 않겠습니다. 이러한 마음으로 한평생 살면서 변함없이 서로를 이해하고 존경하며 하나님께서 짝 지워 주신 부부로 살겠습니다.

년 월 일

서 명_____

● **여호와만 섬기는 집**(수 24:15) ●

만일 여호와를 섬기는 것이 너희에게 좋지 않게 보이거든 너희 조상들이 강 저쪽에서 섬기던 신들이든지 또는 너희가 거주하는 땅에 있는 아모리 족속의 신들이든지 너희가 섬길 자를 오늘 택하라 오직 나와 내 집은 여호와를 섬기겠노라

● **형통케 하시는 하나님**(욥 8:5-7) ●

네가 만일 하나님을 찾으며 전능하신 이에게 간구하고 또 청결하고 정직하면 반드시 너를 돌보시고 네 의로운 처소를 평안하게 하실 것이라 네 시작은 미약하였으나 네 나중은 심히 창대하리라

● **여호와만 의뢰하라**(시 37:5-6) ●

네 길을 여호와께 맡기라 그를 의지하면 그가 이루시고 네 의를 빛같이 나타내시며 네 공의를 정오의 빛같이 하시리로다

● **축복의 가정**(시 127:1-5) ●

여호와께서 집을 세우지 아니하시면 세우는 자의 수고가 헛되며 여호와께서 성을 지키지 아니하시면 파수꾼의 깨어 있음이 헛되도다 너희가 일찍이 일어나고 늦게 누우며 수고의 떡을 먹음이 헛되도다 그러므로 여호와께서 그의 사랑하시는 자에게는 잠을 주시는도다 보라 자식들은 여호와의 기업이요 태의 열매는 그의 상급이로다 젊은 자의 자식은 장

사의 수중의 화살 같으니 이것이 그의 화살통에 가득한 자는 복되도다 그들이 성문에서 그들의 원수와 담판할 때에 수치를 당하지 아니하리로다

● 하나님을 경외하는 가정(행 10:1-2) ●
가이사랴에 고넬료라 하는 사람이 있으니 이달리야 부대라 하는 군대의 백부장이라 그가 경건하여 온 집안과 더불어 하나님을 경외하며 백성을 많이 구제하고 하나님께 항상 기도하더니

≪찬송가≫
사철에 봄바람 불어 잇고(559장, 통 305)
보아라 즐거운 우리 집(235장, 통 222)
복의 근원 강림하사(28장, 통 28)

행복은 우연히 찾아오는 것이 아니다. 서로 노력한 결과로 실현되는 것이다.

1. 신뢰를 충분히 쌓으라.

2. 긍정적인 언어를 많이 사용하라.

3. 자신의 부족함을 솔직히 인정하고 잘못을 시인하라.

4. 단점보다 장점을 발견하고 입으로 칭찬하라.

5. 존경심을 키우라.

6. 속상한 것이 있을 때 대화를 통하여 해결하라.

7. 관심을 가져주라.

8. 몸이 피곤할 때 편안히 쉴 수 있도록 배려해 주어라.

9. 몸이 아플 때 그 고통을 그대로 받아주며 위로하라.

10. 큰 액수의 돈을 쓸 때에는 서로 상의하여 사용하라.

11. 서로를 위하여 시간을 할애하라.

12. 서로의 모습을 있는 그대로 인정해주고 받아들여라.

13. 서로의 필요와 욕구를 채워 주도록 노력하라.

14. 부부 사이라도 서로 예의를 지키도록 서로 노력하라.

15. 생일과 결혼 기념일을 기억하고 의미 있는 시간을 마련하라.

16. 다른 사람과 결코 비교하지 말아라.

17. 자기의 취미생활과 뜻 있는 일을 계획하며 추진하라.

18. 침묵의 사랑보다 말과 몸으로 표현하라.

19. 십자가 중심으로 가정을 화목하게 가꾸어라.

20. 서로의 기분을 이해하며 받아 주라.

새색시, 새신랑이 가장 어려워하는 것 중의 하나가 양가 친족들의 호칭이다.

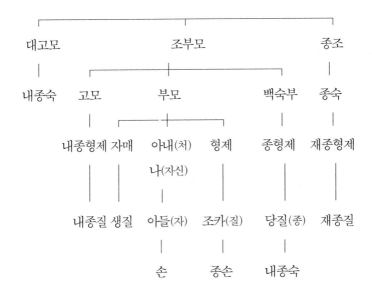

결혼 축시

오늘부터 두 분은 이 세상의 주인공입니다
한 사람, 한 사람 서로 다른 길을 살아오다가
사랑으로 만나 한 길로 갑니다

이 길은 사랑의 길입니다
사랑하는 남자와 사랑하는 여자가 만나
결혼으로 꽃 피워갑니다

눈빛과 눈빛으로 마음과 마음으로 만났으니
부부의 어울림으로 행복한 보금자리를 만들기를 원합니다

두 사람 언제나 사랑으로 하나 되어
삶의 옥토에 믿음으로 씨 뿌리고 삶의 계절마다 기도로 거두는
참으로 복된 삶이 되기를 원합니다

서로 아끼고 사랑하는 두 사람
언제나 어느 때나 서로의 소박한 꿈을 이루며
따끈한 정을 나누며 살아 더욱더 축복 받는 삶이 되기를
두 손 모아 기도를 드립니다

두 분 행복하세요!
바라보는 이들이 바라보는 것만으로도 행복하도록
두 분 결혼생활 맛깔나고, 멋있고 신이 나도록 살아가세요
오늘부터 두 분은 이 세상의 주인공입니다